Man hat durchaus noch nicht erkannt, dass das Wandern die einzige Lebensform ist, bei der man es ganz in der Hand hat, Körper und Geist gleichmässig auszubilden, um so zu einer nahezu vollkommenen, harmonischen Lebensgestaltung, zu einem Leben in wahrhafter Schönheit zu gelangen.

E. W. Trojan

Die Bisse von Tsittoret bei Ploumachit, ▷
eine der schönsten Wasserleitungen
oberhalb Montana (Routen 36, 37)

Schweizer Wanderbuch 21

Sitten-Siders-Montana

Mittelwallis   Rechtes Ufer

Routenbeschreibungen von 40 Wanderwegen mit Routenkarten und Bildern

Von Dr. Ignace Mariétan †
Überarbeitet von Gilbert Petoud
Übersetzt von Helen Beyeler

2. Auflage

Kümmerly + Frey Geographischer Verlag Bern

Herausgegeben unter Mitwirkung der Walliser Wanderwege, Sitten

Inhalt

Einführung und Vorwort	5/8
Wanderziele	9
Touristische Informationen	10
Übersichts- und Verkehrskarte	12/13
Verzeichnis der Wanderrouten	14/15
Routenkarten	16–23
Routenbeschreibungen	27
Martigny-Nord, Routen 1 bis 4	27–37
Ovronnaz–Derborence, Routen 5 bis 17	41–69
Sitten-Nord, Routen 18 bis 29	72–97
Siders–Crans-Montana, Routen 30 bis 40	99–118
Spazierwege Montana–Crans–Vermala	119–121
Rundwanderungen für Automobilisten	122
Kartenverzeichnis	123
Literaturverzeichnis	125
Alphabetisches Register	126
Wanderbücher und Wanderkarten	128

Redaktion: Dr. h. c. Otto Beyeler

Bilder:
		Seite
	Burkhalter Paul, Burgdorf	77
	Caduff Christian, Chur	35
	Chiffelle, Chexbres	62, 98
	Darbellay, Martigny	40, 112
	Künzler Rudolf, Bern	74
	Niederhauser Markus, Bern	70/71
	Pont, Siders	26
	Preisig, Sitten	104
	Schweiz. Verkehrszentrale, Zürich	11, 24, 25, 38/39
	Télés Deprez, Crans-Montana	108
	Verkehrsverein Crans	2
	Walliser Verkehrsverband, Sitten	6/7, 50, 68, 103, 122, 124

Umschlagbild: Die Kathedrale von Sitten und der Hügel von Valère
Walliser Verkehrsverband, Sitten

Routenkarten: Ausschnitte aus der Landeskarte 1 : 100 000, reproduziert mit Bewilligung des Bundesamtes für Landestopographie vom 30. 4. 1982.

© 1976 Kümmerly + Frey, Geographischer Verlag, Bern – 2. Auflage 1982
Gedruckt in der Schweiz – ISBN 3-259-03144-8

Einführung und Vorwort

Unser Ziel ist, Verständnis für die Natur und das Leben im Gebiet zu wecken, das in diesem Wanderbuch beschrieben wird. Es liegt in der Zone der Kalkhochalpen, ausgenommen die Kristallinfelsen der Abdachung zwischen Lavey-les-Bains und Saillon. Dieses Gestein hat sich während der langen Sekundärzeit durch Ablagerungen der Flüsse und vulkanische Eruption im Meer gebildet. Die Niederschläge der im Wasser enthaltenen Salze und die Überbleibsel von Pflanzen und Tieren haben sich abgelagert und durch physikalische und chemische Veränderungen in Gestein verwandelt, das in der Tertiärzeit dann durch Bewegungen der Erdoberfläche gehoben und aufgetürmt wurde. So sind unsere Berge entstanden. Erosionskraft, fliessende Gewässer und Gletscher haben sehr verschiedenartige Landschaften geformt, in denen das harte Gestein schroffe Bergwände bildet, während das weiche Gestein in weniger steilen Hängen zutage tritt. Die verschiedenen Stufen unterscheiden sich auch in der Farbe: helle Wände aus Kalkschichten wechseln mit dunkleren schieferhaltigen Schichten ab, die eine Menge Versteinerungen, vor allem von Meertieren, enthalten. Die tiefen Einschnitte der Lizerne, Morge und Liène sind sehr instruktiv und viel kürzer als die linken Seitentäler der Rhone. Die Niederschläge lokalisieren sich hauptsächlich auf die Bergketten. Dieser Teil des Mittelwallis weist ein trockenes und warmes Klima auf. Die Vegetation hat sich angepasst und zeigt besondere Arten. Die Bewässerung ist lebenswichtig und wird durch bedeutende Wasserfuhren sichergestellt. Die Tierwelt ist besonders interessant im Freibezirk von Haut-de-Cry, der das ganze Tal von Derborence einschliesst.

Bemerkenswert ist auch das Volkskundliche der Bewohner. Mehrere der beschriebenen Wanderungen vermitteln eine prächtige Gesamtansicht der Rhoneebene mit ihrem Mosaik von Obstgärten, Erdbeer- und Spargelpflanzungen und Getreidefeldern. Diese schöne Entwicklung der Bodenkultur wurde durch das Eindämmen der Rhone und das Erstellen von Entwässerungskanälen ermöglicht. Die Hänge sind von Flüssen zerschnitten und zwar besonders ausgeprägt bei Conthey, Savièse, Ayent, Lens und in der ‹Noble Contrée›, den bestgelegenen, fruchtbarsten und am meisten besiedelten Gebieten. Bis gegen 900 m hinauf geben die terrassenförmig angelegten, durch Trockenmauern gestützten Rebberge, deren Neigung 14 bis 27% beträgt, der Landschaft ein eigenes Gepräge. Getreidefelder und Wiesen finden sich in höher gelegenen Gebieten, und noch weiter oben liegt die breite Zone der Maiensässe, Wälder und Weiden. Die Gründe zur Wahl der Siedlungsplätze sind leicht festzustellen. Vor allem wurden sanfte, von den Moränen einstiger Gletscher gebildete Hänge zur Nieder-

lassung gewählt. Die Bevölkerung bleibt ihrer Überlieferung treu, auch wenn sie, wie diejenige von Savièse und Ayent, nahe der Städte lebt.
Sitten und Siders sind interessante Städte mit alten Häusern und zahlreichen Schlössern, mittelalterlichen Zeugen der Geschichte des Landes. Die Touristen halten sich gern im Frühling und Herbst dort auf und finden Ausgangspunkte für alle möglichen Ausflüge, jedem Geschmack und jeder Leistungsfähigkeit entsprechend, von Spaziergängen in der Umgebung bis zu langen Passwanderungen über den Cheville, Sanetsch und Rawil. Montana und Crans sind Touristenzentren ersten Ranges, und vom Vorfrühling bis in den Spätherbst haben die Sonntagsausflügler grosse Auswahl in Tageswanderungen an diesen sonnigen, nebelfreien Hängen.
Zum Gebrauch empfehlen wir die vorhandenen Wanderkarten oder die Landeskarten 1:25 000 und 1:50 000, nach welchen die Ortsnamen angegeben sind. Das Wanderbuch wird am besten auf die Tour mitgenommen, da es eine Menge Nachweise für die Route wie für die Landschaft vermittelt.

Vorwort

Der Touristenverkehr hat sich normal weiter entwickelt, besonders in den Fremdenorten Crans, Montana, Ovronnaz, Anzère und Aminona, wo viele neue Chalets und Ferienwohnungen entstanden. Mehrere Luftseilbahnen, Kabinenbahnen, Sessellifte und Skilifte vermehren noch die Verkehrsmittel.
Bei der Neuausgabe dieses Wanderbuches halten wir uns an die festgelegten Normen des Autors Dr. J. Mariétan, der es verstanden hat, das ganze Mittelwallis in diesem Hilfsmittel für Spaziergänge und Wanderungen wertvoll darzustellen. Bei der Mannigfaltigkeit der Wege kann es vorkommen, dass man die falsche Richtung einschlägt oder einen Weg nicht mehr benützen kann, wenn Veränderungen im Gelände oder Lücken entstanden sind. Wir wären den Benützern der Wege dankbar, wenn sie uns entsprechende Mitteilungen zukommen liessen, und wir danken ihnen im voraus bestens. Sicher werden die Wanderer beim Entdecken dieser Landschaft viel Freude erleben, und wir wünschen ihnen erholsame, fröhliche Spaziergänge und Ausflüge.

Sitten, Frühling 1982　　　　　　　　　　Gilbert Petoud
　　　　　　　　　　　　　　　　　　　　Techn. Chef der Walliser Wanderwege, Sitten

◁ Das Schloss Manoir bei Siders
(Routen 30–32)

Wanderziele

Aussichtspunkte

Follatères	882 m	Mayens-de-la-Dzou	1343 m
Jeur-Brûlée	1525 m	Tsalan	2000 m
Allesse	936 m	Rawilpass	2429 m
Sorgno	2064 m	Varen	760 m
Randonne	1393 m	Bella-Lui	2543 m
Pas-de-Cheville	1038 m	Varneralp	1108 m
Vérouet	1859 m	Mt-Lachaux	2140 m
Sex-Riond	2026 m	Les Violettes	2204 m
Sanetschpass	2251 m	Ploumachit	1727 m
Mayens-de-Conthey	1300 m		

Gletscher — Tsanfleuron, Wildhorn, Plaine-Morte.

Talformen — Das Tal der Salentze ist nur klein und mündet als enge Schlucht in die Rhoneebene. Das Tal der Derborence ist auf seiner ganzen Länge tief eingeschnitten, dasjenige der Morge ist rechtsseitig zugänglich, linksseitig felsig. Das Tal der Sionne hat keine grosse Entwicklung erfahren, und dasjenige der Liène ist wild, ein Gemisch von Wäldern und Felsen.

Stauseen — Fully, Tseuzier, Sanetsch.

Gebäulichkeiten — Verschiedene städtische und ländliche Häuser in der Ebene, ursprüngliche Formen in den Maiensässen.

Religiöse Bauten — Einige sehr alte Kirchen, wie diejenigen von Valère, Tous-les-Saints und St-Pierre-de-Clages.

Historische Stätten — Die Schlösser Saillon, Sitten (Sion), Siders (Sierre), Venthône und die Menhire von Sitten.

Wasserfuhren (Bisses) — Sehr zahlreich und bedeutend, in jeglicher Art der Form, besonders in den Felsen von Savièse, Tsanda, Sitten, Mont-d'Orge, Clavau, Lentine, Varen. Weiher von Savièse, Ayent, Montana und Lens.

Seen — Fully, Derborence, Trente-Pas, Montorge, Les Audannes, Rawil, Lens, Moubra, Géronde, Siders, Pfin, unterirdischer See von St-Léonard.

Touristische Informationen

Verkehrsvereine

Sitten (Sion), Siders (Sierre), Montana, Crans, Anzère, Aminona, Dorénaz-Champez, Ovronnaz, Conthey, Leukerbad, Leuk-Stadt

Verkehrsmittel

Ausgangspunkte	Sitten (Sion), Siders (Sierre), Montana, Crans, Martigny, Riddes, Ardon, Arbaz, Ovronnaz
Kantonsstrassen	Sitten–Crans, Siders–Montana, Sitten–Tseuzier, Sitten–Savièse–Sanetsch, Sitten–Conthey, Sitten–Derborence, Leytron–Ovronnaz–Chamoson, Sitten–Anzère
Zahnradbahn	Siders–Montana-Vermala
Luftseilbahnen	Crans–Chetseron, Montana–Cry-d'Er, Crans–Cry-d'Er–Bella-Lui, Montana–Grand-Signal, Montana–SAC-Hütte Violettes–Plaine-Morte, Aminona–Petit-Mont-Bovin, Dorénaz–Champex-d'Alesse, Anzère–Pas-de-Maimbré
Sessellifte	Les Rousses–Combe-de-Serin–Plan-des-Conches, Ovronnaz–Jorasse
Postautokurse	Sitten–Crans–Montana, Sitten–Ayent–Tseuzier, Sitten–Erde–Derborence, Sitten–Botyre–Anzère, Sitten–Arbaz, Sitten–St-Germain–Staumauer Sanetsch, Sitten–Leytron–Ovronnaz, Sitten–Vétroz–Ardon, Siders–Venthône–Montana–Crans, Siders–Salgesch–Varen, Granges–Lens–Icogne, Martigny–Fully–La Sarvaz–Saillon, Riddes–Saillon, Autobus von Sitten, Autobus von Siders, Autobus Crans–Montana

Unterkunfts- und Verpflegungsmöglichkeiten ausserhalb der Ortschaften

SAC-Hütten	Rambert, Violettes, Wildstrubel
Andere Hütten	Dent-Favre, Fenestral, Sorgno
Hotels und Gasthäuser	Anzère, Derborence, Godey, Sanetsch, Cernet, Coppet, Ovronnaz, Bella-Lui

Flugaufnahme vom Rhonetal.
Links St-Léonard, im Hintergrund Siders.

Übersichts- und Verkehrskarte

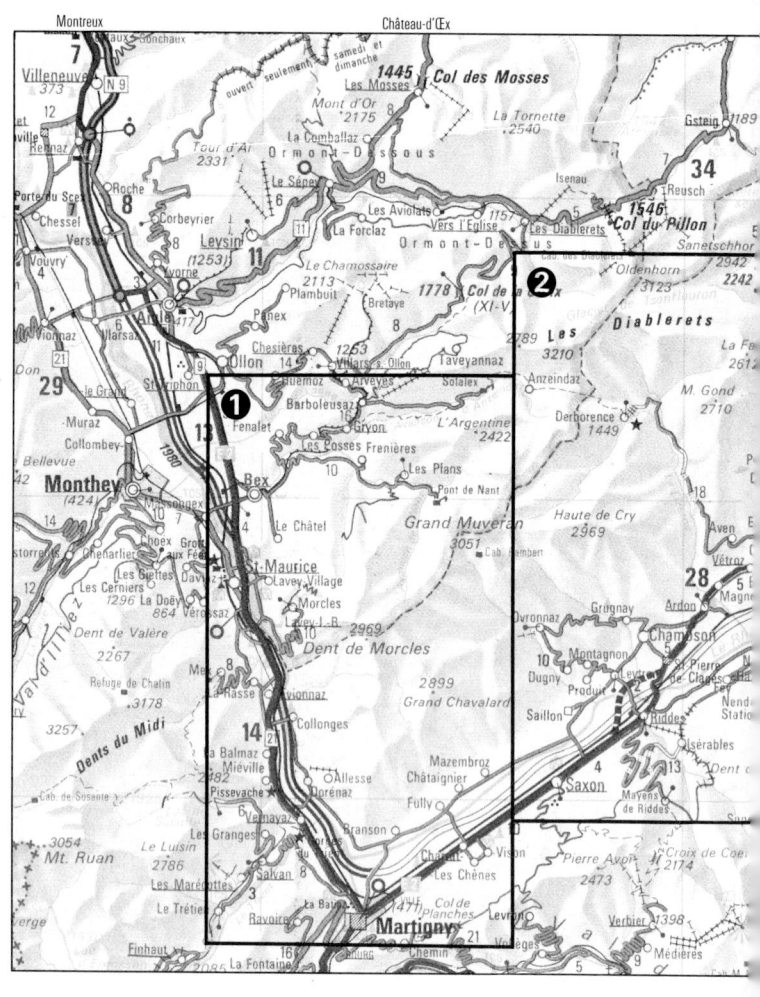

13   Massstab 1: 300 000

Karte 1: Martigny-Nord
Karte 2: Ovronnaz–Derborence
Karte 3: Sitten-Nord
Karte 4: Siders–Crans-Montana

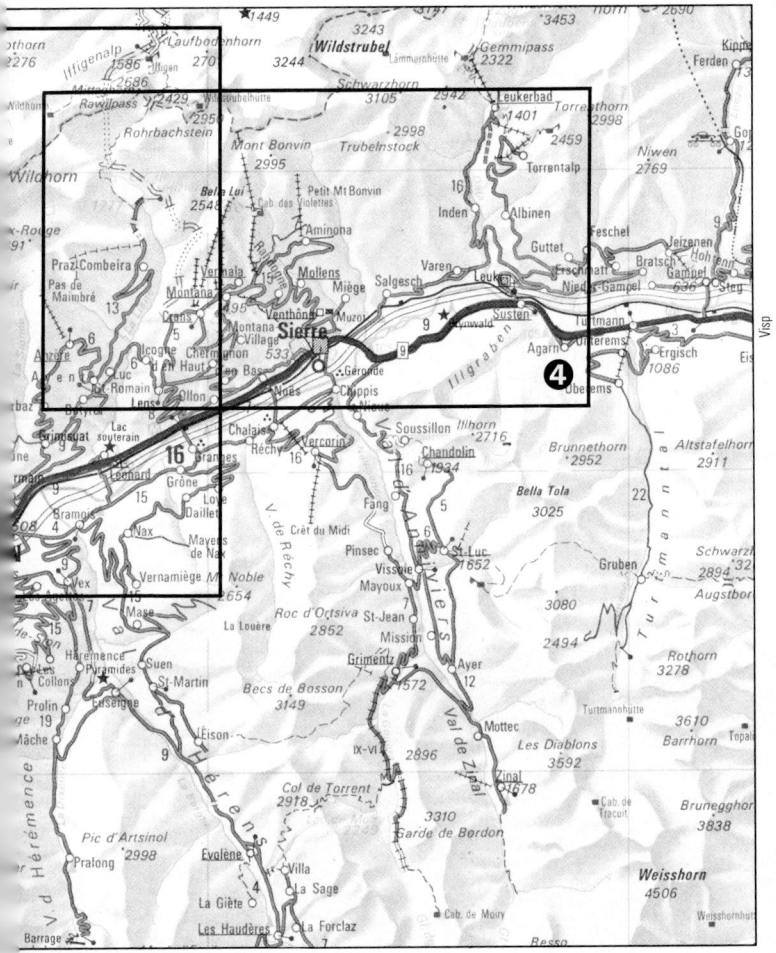

Verzeichnis der Wanderrouten

Martigny-Nord (Routenkarte Seite 16/17)

			Seite
1	St-Maurice–Plex–Collonges	5 Std. 40 Min.	27
2	Martigny–Les Follatères–Champex–Vernayaz	4 Std. 15 Min.	28
	a) Les Follatères–Jeur-Brûlée	2 Std.	30
	b) Champex–Plex–Morcles	3 Std. 30 Min.	31
3	Martigny–Saillon–Saxon	4 Std. 20 Min.	31
4	Charrat–Fully–Randonne–Saxon	5 Std. 30 Min.	36
	a) Randonne–Ovronnaz	2 Std.	37

Ovronnaz–Derborence (Routenkarte Seite 18/19)

5	Riddes–Ovronnaz–Chamoson	5 Std. 30 Min.	42
6	Ovronnaz–L'Ardève	1 Std. 20 Min.	44
	a) Ovronnaz–La Corniche–Mortay–Ovronnaz	2 Std. 30 Min.	44
	b) Ovronnaz–Tourbillon–Loutse–Ovronnaz	2 Std.	44
7	Ovronnaz–Grand-Garde–Ovronnaz	4 Std. 30 Min.	45
8	Ovronnaz–Sorgno–Morcles	8 Std. 15 Min.	45
	a) Sorgno–Portail-de-Fully–Champex–Dorénaz	2 Std. 30 Min.	47
	b) Sorgno–Col-de-Fenestral–Euloi–Ovronnaz	2 Std. 30 Min.	47
9	Ovronnaz–Hütte Rambert–Les Plans	6 Std. 40 Min.	48
10	Chamoson–La Routia–Ardon	4 Std. 20 Min.	49
11	Aven–Derborence–Pas-de-Cheville–Gryon	7 Std. 30 Min.	51
	a) Ardon–Motélon	3 Std. 15 Min.	54
	b) Aven–Bisse von Tsandra–Mayens-de-Conthey-Grand-Dzou	3 Std. 30 Min.	55
12	Derborence–Vérouet–La Chaux	2 Std. 15 Min.	59
13	Derborence–La Lui–Godey	2 Std. 40 Min.	60
14	Godey–Sex-Riond–Erde	6 Std. 20 Min.	63
15	Godey–Montbas-Dessus–Lizerne-de-la-Mare	2 Std. 40 Min.	64
16	Derborence–Mié–Sanetsch	4 Std. 15 Min.	65
	a) Mié–Croix-de-la-Cha–Etang-de-Trente-Pas–Flore–Godo	2 Std. 45 Min.	66
	b) Sanetsch–Croix-de-la-Cha–Mayens-de-Conthey–Incron–Aven	4 Std.	66
17	Derborence–La Forcla–Hütte Rambert	4 Std. 30 Min.	67

Sitten-Nord (Routenkarte Seite 20/21)

Seite

18	Pont-de-la-Morge–Mayens-de-Conthey–Pont-de-la-Morge	5 Std. 30 Min.	75
19	Sitten–Sanetsch–Gsteig	10 Std.	78
20	Sitten–Mayens-de-la-Dzou–Sitten	5 Std. 10 Min.	80
21	Arbaz–Combe-d'Arbaz–Incron	2 Std.	81
22	Arbaz–Tsalan–Bisse von Sitten–Arbaz	6 Std.	82
	a) Arbaz–Etang-Long–Bisse d'Ayent–Ehéley	2 Std. 30 Min.	83
23	Sitten–Mont-d'Orge–Sitten	3 Std. 30 Min.	83
24	Sitten–Bisse von Lentine–Sitten	2 Std. 30 Min.	85
25	Sitten–Valère–Tourbillon	1 Std. 20 Min.	85
26	Sitten–Bisse von Clavau–St-Léonard	4 Std.	90
27	St-Romain (Ayent)–Anzère–Tsalan–St-Romain	6 Std.	91
28	Sitten–Rawilpass–Lenk	11 Std.	94
29	Sitten–Ayent–Crans–Montana	4 Std. 30 Min.	96

Siders–Crans–Montana (Routenkarte Seite 22/23)

30	Siders–Cordona–Venthône–Siders	4 Std. 10 Min.	101
	a) Cordona–Salgesch	1 Std. 45 Min.	102
	b) Cordona–Varen	2 Std.	102
31	Siders–Salgesch–Leuk	3 Std.	105
32	Siders–Flanthey–St-Léonard	3 Std.	106
33	Montana–Crans–Tseuzier	3 Std. 30 Min.	110
	a) Icogne–Assa–Tseuzier	1 Std. 30 Min.	111
34	Montana–Bisse von Ro–Er-de-Lens	3 Std. 30 Min.	111
	a) Er-de-Lens–Col-de-Pochet–Bella-Lui–Montana	2 Std.	112
35	Montana–Mont-Lachaux–Bella-Lui	4 Std. 50 Min.	113
36	Montana–Le Sex–Varneralp	4 Std.	114
	a) Aprîli–Aminona–Mollens	1 Std. 45 Min.	115
37	Montana–Chällerflüe–Leukerbad	6 Std. 20 Min.	116
	a) Larschi–Bodmen–Inden	1 Std. 15 Min.	117
38	Lens–Icogne–La Lienne–Tseuzier	3 Std. 30 Min.	117
39	Lens–Bisse von Lens–Chermignon–Lens	3 Std. 30 Min.	118
40	Miège–Bisse von Varen–Rumeling	3 Std.	118

Martigny-Nord

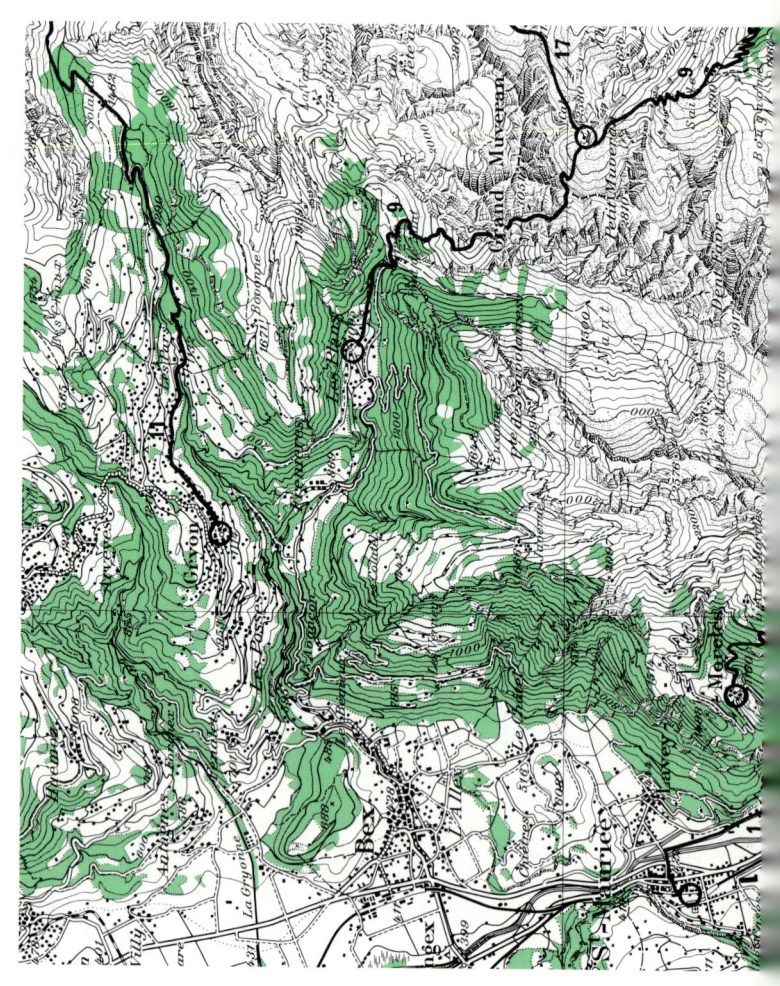

Karte 1
Massstab 1 : 100 000
Routen 1–4, 8, 9, 11

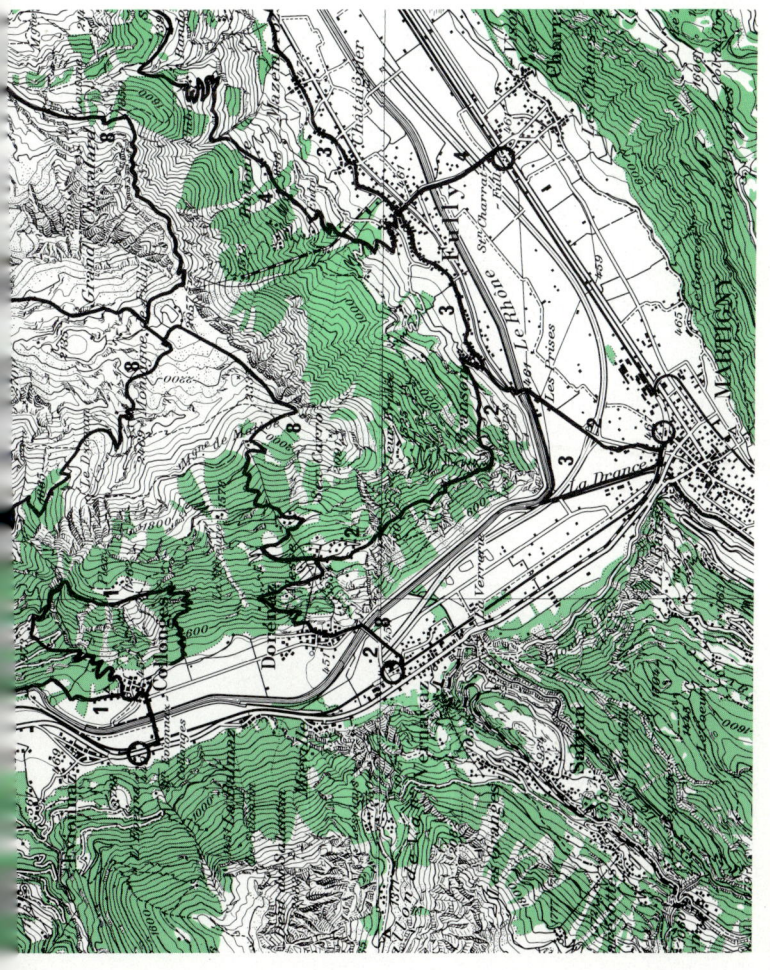

Ovronnaz–Derborence

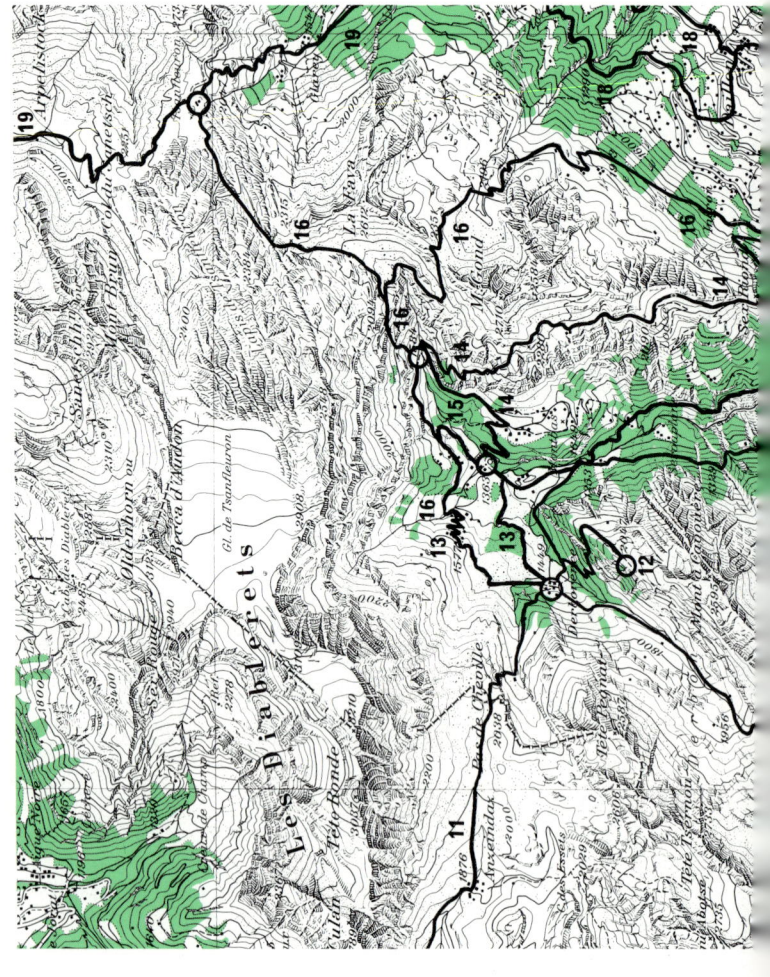

Karte 2
Massstab 1 : 100 000
Routen 3–19

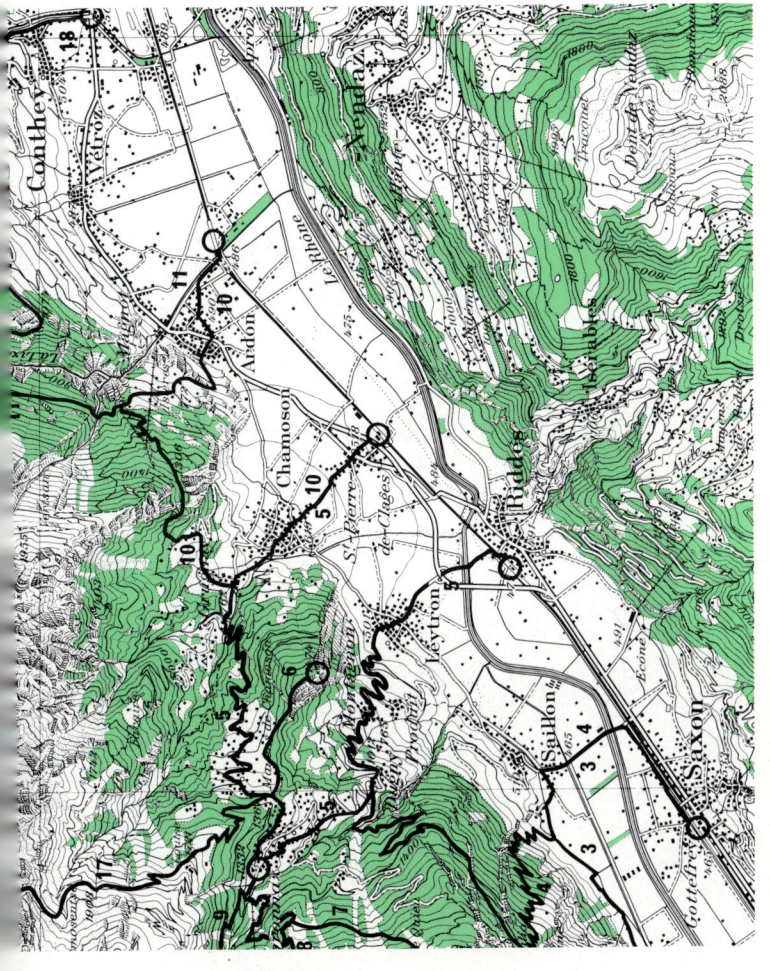

Sitten-Nord

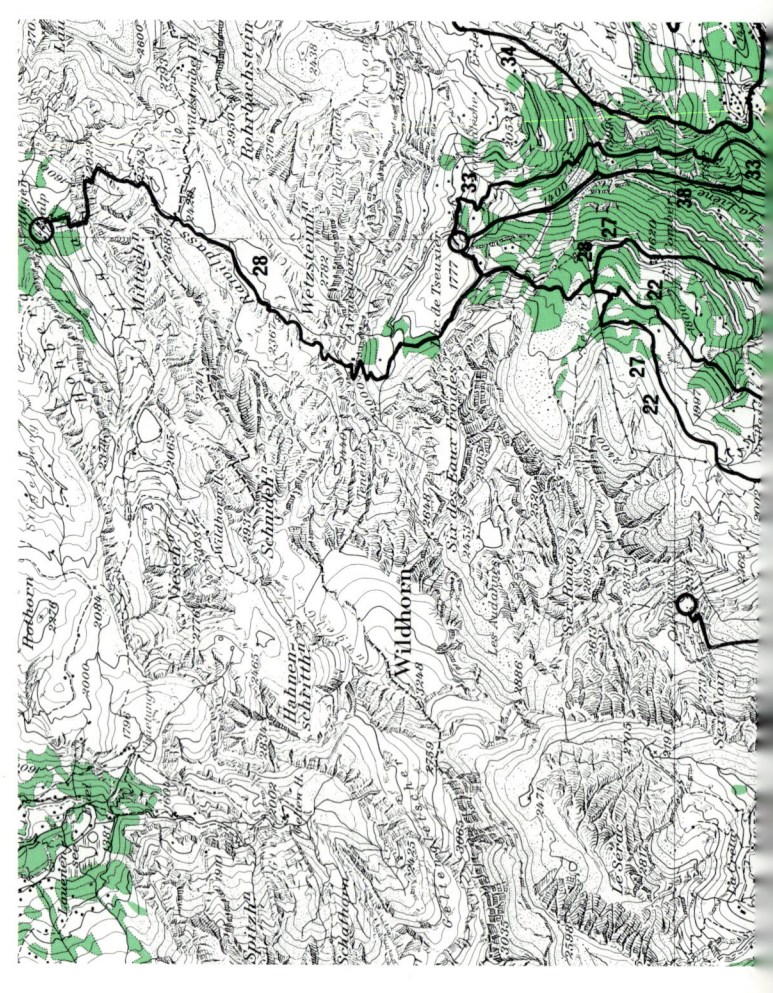

Karte 3
Massstab 1 : 100 000
Routen 18–29, 32–35

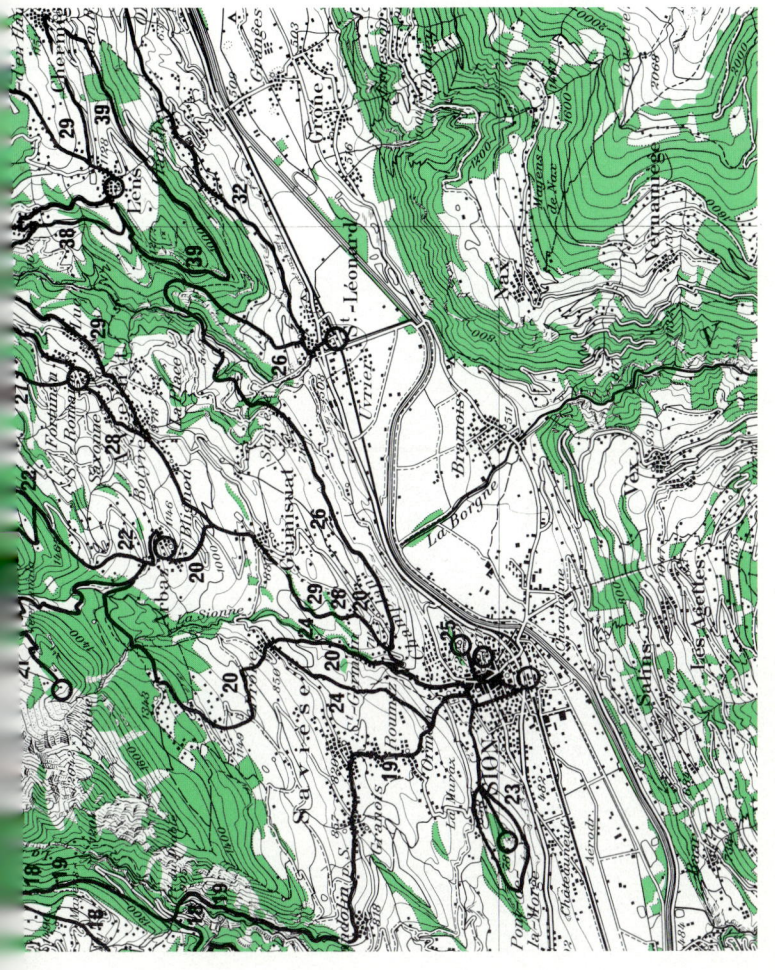

Siders–Crans–Montana

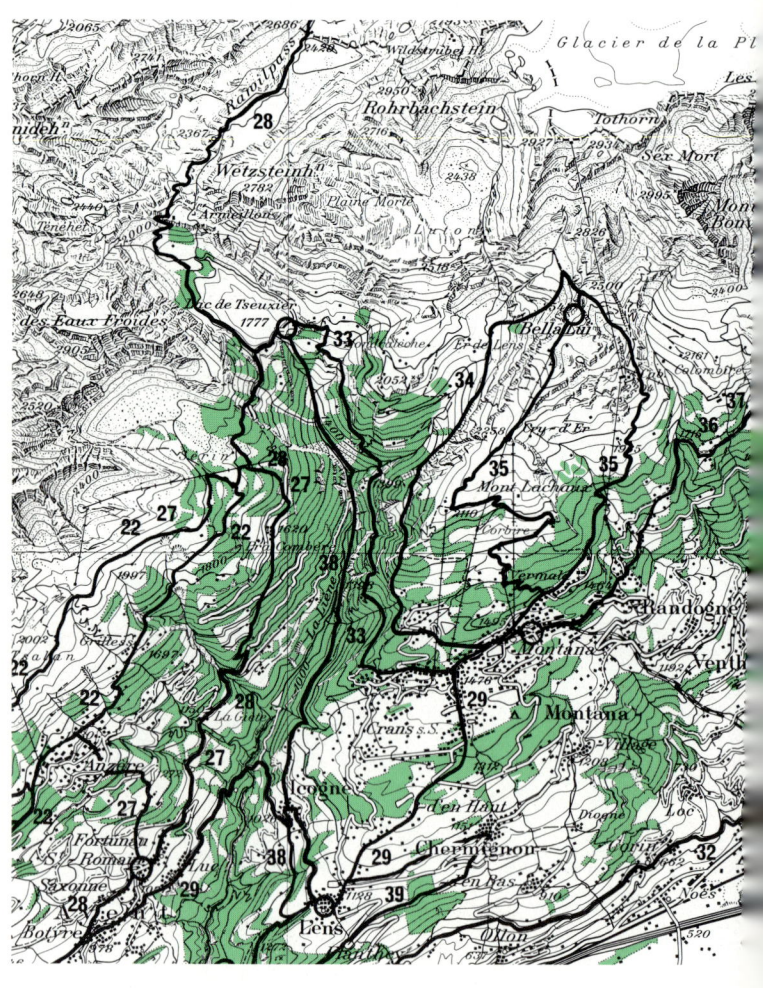

Karte 4
Massstab 1 : 100 000
Routen 22, 27–37

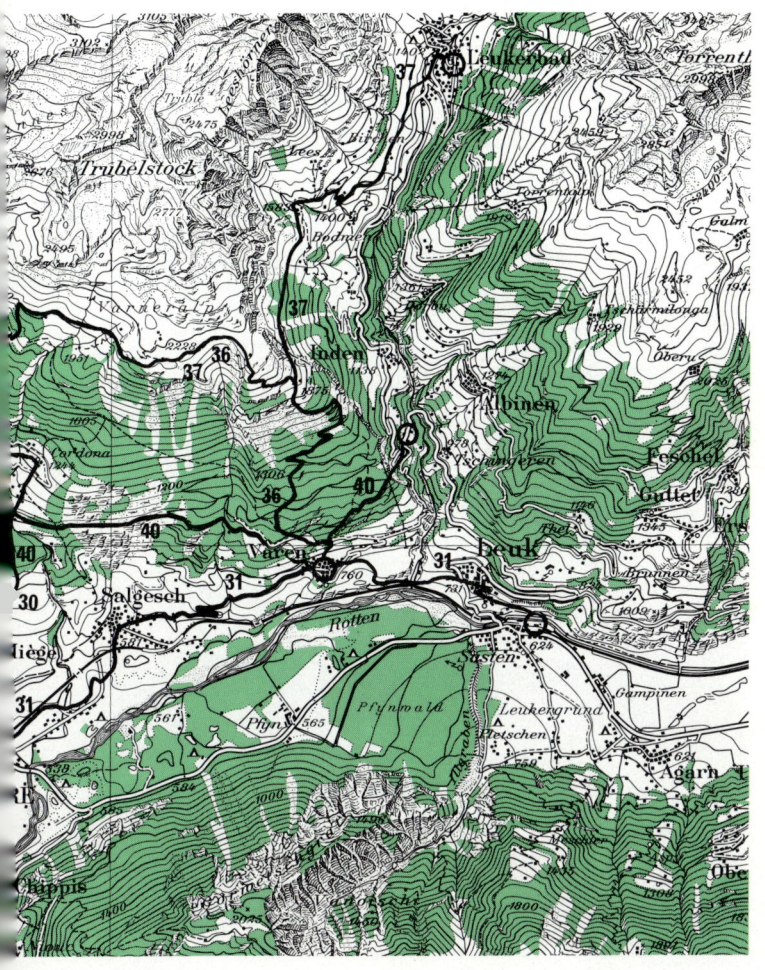

◁ Burgartige, romanisch-frühgotische Katharinenkirche auf Valeria bei Sitten, heute Museum (Route 25)

Ruine Tourbillon in Sitten. Als Sommerresidenz 1294 von Bischof Bonifatius von Challant erbaut. Seit dem Brand der Stadt im Jahre 1788 Ruine (Route 25)

Das Schloss von Manoir in Siders (Routen 30–32)

Martigny-Nord
Karte 1

1 St-Maurice–Plex–Collonges

Route	Höhe in m	Hinweg	Rückweg
St-Maurice/Bf.	422	–	5 Std. 40 Min.
Lavey-les-Bains	417	30 Min.	5 Std. 10 Min.
Plex	1262	3 Std. 50 Min.	3 Std.
Collonges/Station	449	5 Std. 40 Min.	–

Vom SBB-Bahnhof *St-Maurice* über die Laveybrücke und der Strasse oder der Rhone entlang nach *Lavey-les-Bains*. Man kommt in der Nähe des Kraftwerks der Stadt Lausanne vorbei, das von der Rhone gespiesen wird. Das Wasser in Lavey-les-Bains stammt von einer schwefelhaltigen Quelle von 51°, die am Ufer der Rhone 16 m tief in Kristallinfelsen gefasst und in die Badanlage geleitet wird. Man weiss nicht, ob diese Quelle seit altersher bekannt war; es scheint aber, dass man bis 1813 nichts von ihr wusste. Sie ergoss sich in das Bett der Rhone, wo sie im Winter von Fischern entdeckt wurde, die ihre Netze aus dem Wasser zogen.
Man folgt der Strasse von Morcles bis zum Weiler *Eslés,* wo man auf einen Pfad abzweigt, der sich südwärts nach rechts wendet. Er führt durch Wiesen gegen die Rhone hinunter und drängt sich durch Felsen auf und ab bis zur Wasserfassung des Elektrizitätswerks der Stadt Lausanne. Dieser Weg ist unter dem Namen *Pas-de-la-Crotta* bekannt. Die Flora in diesen Felsen ist sehr interessant.
Nach dem Austritt aus den Felsen kann man bis nach Collonges wandern und dem Weg folgen, der auf den Schuttkegel von Aboyeu emporführt, oder kürzer aber weglos über den rechten Rand des Schuttkegels durch das Gehölz aufsteigen und zuoberst in den Weg einmünden. Jenseits des Wildbachs von Aboyeu wählt man den Weg nach rechts, der nach *Planchamp* und *Le Mont* aufsteigt. Kleine Wieseninsel mit einigen Häusern, die einsam an diesen wilden, felsigen und unwirtlichen Hängen stehen. Etwa 60 m oberhalb der Häuser verlässt man den Weg nach L'Au-d'Arbignon und zweigt rechts auf einen kleinen Pfad ab. Er dringt in die Schlucht von Aboyeu ein, klimmt über den bewaldeten Steilhang empor und stösst auf die hübsche kleine Hochebene von *Plex* hinaus. Auf dieser schönen Lichtung, die man in einer solchen Landschaft nicht erwarten würde, liegen Maiensässe der Bewohner von Collonges. Man erblickt prächtige Blöcke, Lärchenwäldchen und Moränenablagerungen. Die kohlenhaltigen Felsen

enthalten Fossilien. Schöner Blick auf das Tal von St-Barthélemy, die Felsen von Gagnerie und die Südseite der Cime-de-l'Est der Dents-du-Midi. Am Südrand der Hochfläche führt ein Weg durch den Wald von *Bouet* hinunter. In der Nähe sieht man die Reste des Barackenlagers aus der Zeit der Ausbeutung der Kohlenminen in den Jahren 1830–1860, 1879–1894 und während des Krieges 1914–1918. Die Kohle findet sich in Linsenform. Die eine, in einer Spalte gelegene Mine, lieferte mehr als 100 000 m³ Anthrazit guter Qualität.
Die St. Anna-Kirche in *Collonges,* 1648 und 1739 erneuert, enthält einen bemerkenswerten bemalten Taufstein aus dem Jahre 1620.
Rückfahrt von der Station Evionnaz-Collonges mit der Bahn.

Nebenroute

Anstatt von St-Maurice kann man auch von der Station Evionnaz aus nach Collonges gelangen. Der Aufstieg wird um eine Stunde gekürzt, aber man muss auf den sehr interessanten Weg durch die Felsen, den Pas-de-la-Crotta, verzichten.

2 Martigny–Les Follatères–Champex–Vernayaz

Route	Höhe in m	Hinweg	Rückweg
Martigny/Bf.	467	–	4 Std. 30 Min.
Branson	501	45 Min.	3 Std. 50 Min.
Les Follatères	882	1 Std. 45 Min.	3 Std.
Champex	1080	2 Std. 45 Min.	2 Std. 15 Min.
Dorénaz	451	3 Std. 45 Min.	30 Min.
Vernayaz/Station	452	4 Std. 15 Min.	–

Die Route ist zwischen Branson und Champex markiert.

Beim Ausgang des SBB-Bahnhofes in *Martigny* folgt man einer Strasse nach rechts zu einer Unterführung. Von Pappeln gesäumt, führt die Strasse über die Ebene, quert die Rhone auf einer Betonbrücke und erreicht *Branson,* ein aus Stein erbautes Dorf in den Rebbergen. In der Nähe, unterhalb der Kapelle, befindet sich bei den Felsen ein Platz mit einer amerikanischen Kaktusart, die sich hier und bei Valère angesiedelt hat. Oberhalb des Dorfes

trägt eine mit Reben bepflanzte Runse den bedeutsamen Namen ‹Combed'Enfer› (Höllenschlucht), wo es der geschützten Südlage wegen sehr heiss ist. Östlich der Weiler Tassonnières, von ‹tasson›, aus dem Lateinischen ‹taxo› (Dachs) abgeleitet.
Zuoberst im Dorf schlägt man einen Weg ein, der unter Kastanienbäumen ansteigt, schräg nach rechts führt und während einer Stunde immer die gleiche Richtung beibehält. Die vorherrschenden Wälder setzen sich aus Eichengebüsch, Kornelkirschbäumen, Ahornbäumen, Fichten und Wacholdersträuchern zusammen. Man befindet sich im pflanzenreichen Gebiet von *Follatères*. Die wilden Hänge sind gegen den Talwind geschützt. Das Klima ist sehr heiss und der Boden kieselartig. Zum bessern Betrachten der Flora müsste man die Strasse unmittelbar nach der Brücke von Branson verlassen, den Kanal nach links queren und zuerst durch Reben, danach über Rasenhänge ansteigen, die mit Gebüsch durchsetzt sind. So könnte man wieder den Weg erreichen, der von Branson emporführt. Es ist unmöglich, ein Verzeichnis der Pflanzen anzuführen, die man dort antreffen kann.
Wir folgen weiter unserem Weg und kommen an einem Brunnen vorbei. Es ist der einzige in dieser Gegend und oft ausgetrocknet. Noch einige Kehren, und man steht über einem Felsbuckel. Dort verlässt man den Saumweg, der nach Jeur-Brûlée führt, und zweigt auf einen Pfad nach links ab, der anfangs nicht gut sichtbar ist. Er führt ebenhin durch den Wald, zieht sich durch Felsen und erreicht Pt. 882 auf dem Grat. Umfassender Blick auf das Rhonetal, Martigny und Umgebung und auf das Massiv des Grand-Combin.
Die Schwemmlandebene ist ein bemerkenswertes Siedlungsgebiet, dessen Bebauung durch die Eindämmung der Rhone und die Erstellung von Trokkenlegungskanälen ermöglicht wurde. Obstbäume, Erdbeer- und Spargelkulturen bilden ein zusammenhängendes ‹Schachbrett›. Von den einstigen Sümpfen ist nichts mehr vorhanden.
Man kann hier die Wanderung abbrechen, oder noch etwas weiter auf den Grat emporsteigen und auf dem gleichen Weg nach Martigny zurückkehren. Um die Tour bis nach Allesse fortzusetzen, schlägt man den schmalen, horizontal verlaufenden Pfad bei Pt. 882 ein. Er zieht sich über eine weite Geröllhalde mit einer grossen Kolonie alter früchtetragender Stechpalmen mit stachellosen Blättern. Man muss möglichst rasch zwei Geröllrunsen überschreiten und wegen Steinschlag aufpassen. Oft ist die grosse Äskulapnatter zu beobachten. Noch ein kleiner Anstieg, und man betritt die Hochfläche von *Champex* durch einen Einschnitt in den Felsen. Dies ist der

einzige Übergang von der Ebene bis zur Höhe von 1774 m. Er wird von den Wildtieren gern benützt. Die Hochebene, auf die man hinausstösst, weist noch die Reste einer Grube auf, die als Falle für Wölfe, Luchse und Bären diente. Eine lebendige Ziege wurde in die Grube hinein gebracht und mit kleinen Ästen zugedeckt. Das wilde Tier näherte sich, machte einen Sprung und fiel in das tiefe Loch, in dem es gefangen war.
Das kleine Wieseneiland von Champex, auf das man so unerwartet in dieser felsigen Gegend stösst, ist reizend. Vom Grat der Follatères aus geniesst man eine wunderbare Aussicht auf das Rhonetal von Martigny aufwärts: breit, lichtvoll, mit südlichem Charakter und weitem Horizont, ‹das Heiligtum des Wallis› (Christ). Von Champex schweift der Blick über das Quertal von Martigny bis zum Genfersee: felsige Steilhänge, ohne Siedlungen am linken Ufer zwischen Martigny und dem Wildbach von St-Barthélemy, am rechten Ufer die winzigen Dörfchen Champex, Allesse, Plex und Le Mont. Dent-du-Midi und Dent-de-Morcles krönen diese Landschaft und verleihen ihr das Aussehen eines grossartigen Portals. Oberhalb St-Maurice, wo das harte Gestein in weicheres übergeht, weitet sich das Tal bis zum Genfersee, und ein zweites Portal zeichnet sich in der Ferne zwischen Grammont und den Rochers-de-Nayes ab.
Unterhalb Champex streift man durch den Weiler *Allesse,* von wo man direkt zur Brücke von Dorénaz absteigen kann. Dieser Pfad ist jedoch sehr steil, und es ist vorzuziehen, am Ausgang des Dorfes einen Weg in nördlicher Richtung einzuschlagen, der in einer weiten Schlaufe nach *Dorénaz* führt. Dort bestehen noch die Reste einer Luftseilbahn, die während des Krieges 1914–1918 erstellt worden ist, als Anthrazit ausgebeutet wurde. Die ganze Wanderung bis nach Allesse führt über Kristallinfelsen, Granit und Gneis, dem Fundament zwischen Lavey und Saillon, der Abstieg von Allesse über kohlenhaltigen Grund, wo Schiefer ausgebeutet wurde.
Rückfahrt mit der Bahn von der Station *Vernayaz.*

Abzweigungen

a) Vom Grat der Follatères zu Pt. 882. Anstatt dem Pfad nach Champex zu folgen, kann man in 2 Std. noch bis nach Jeur-Brûlée (1525 m) emporsteigen, wo die Aussicht auf das Mittelwallis und das Unterwallis immer umfassender und schöner wird. Prächtige Flora. Von Dorénaz nach Champex wurde eine Luftseilbahn erstellt. Wenn man sie benützen will, wird die Wanderung besser von Vernayaz aus unternommen; so gestaltet sich der Aufstieg mühelos.

b) Von der Station der Luftseilbahn in Champex kann man über Plex–L'Aboyeu–Colatel in 3 Std. 30 Min. nach Morcles gelangen und mit dem Postauto nach St-Maurice zurückfahren. (Siehe Wanderbuch Préalpes et Alpes Vaudoises.)

3 Martigny–Saillon–Saxon

Route	Höhe in m	Hinweg	Rückweg
Martigny/Bf.	467	–	4 Std. 20 Min.
Pont de Branson	461	1 Std.	3 Std. 15 Min.
Fully	461	1 Std. 45 Min.	2 Std. 30 Min.
Saillon	510	3 Std. 30 Min.	50 Min.
Saxon/Station	465	4 Std. 20 Min.	–

Nicht alle Wanderungen im Wallis erfordern Auf- und Abstiege. Für diejenigen, welche gern durch die Ebene wandern, beschreiben wir diese Tour, die viel Reizvolles bietet.
Vom Hauptplatz in *Martigny* wendet man sich zur gedeckten Holzbrücke über die Drance. Sie wird vom Turm von la Bâtiaz überragt, wurde 1839 erbaut und 1947 verstärkt und verbreitert. Weiter unten ist eine neue Brücke erstellt worden. Von dort folgt man der Drance auf ihrem rechtsufrigen Damm. Noch erinnert man sich an die Pappelallee, welche der Strasse zwischen Martigny und Charrat so viel Reiz verlieh. Glücklicherweise blieben die Bäume, die zu den Schönheiten der Rhoneebene gehören, der Drance entlang erhalten. Etwas unterhalb des Felsens von Follatères erreicht man die Stelle der Drance-Mündung in die Rhone. Sie wurde dort hineingeleitet, um ein zu starkes Aufschütten des Flussbettes zu verhindern. Von hier folgt man dem Rhonedamm und gelangt in kurzer Zeit zur *Brücke von Branson,* wo die vielen Berberitzen auffallen. Bis spät in den Herbst tragen diese Dornbüsche eine Menge Früchte, deren Gelborange prächtig mit dem Silbergrau der Blätter harmoniert. Von der Brücke nach Martigny zurück kann man die Strasse benützen, die noch fast auf der ganzen Länge von Pappeln gesäumt ist. Während des Sommers sind sie stark dem Talwind ausgesetzt. Trotzdem stehen die Stämme ziemlich gerade, aber die Äste entwickeln sich nur im obern Teil. Wenn der Wind diese Pflanzensäulen hin und her bewegt, erklingt ein mächtiges Rauschen. Im Frühling

ist das junge Laub von zarter Frische und im Herbst sprüht es Flammen. Diese Wanderung dauert nur anderthalb Stunden. Es lohnt sich aber, sie fortzusetzen. Von der Brücke aus gelangt man unter sonnigem Himmel und vor dem Wind geschützt nach *Branson*. Die Strasse zieht sich am Fusse eines breiten Schuttkegels hin. Mit viel Ausdauer sammelten die Bewohner die grössten Steine und schichteten sie zu Haufen, und so gelang es ihnen, einen prächtigen Weinberg anzulegen. Man streift durch alle Dörfer der grossen Gemeinde *Fully*. Das Kirchdorf, oft Fully genannt, ist das wichtigste (siehe Route 4), *Châtaignier* hat seinen Namen vom Kastanienbaum erhalten, den man aber nur noch oberhalb des Kirchdorfes findet. Das Dorf *Saxé* (rocher = Fels) wurde am 18. November 1939 von einem Bergsturz zur Hälfte zerstört. Es zählte 140 Bewohner, und 8 der 35 Familien verloren ihr ganzes Hab und Gut. Der Wildbach von Saxé, der nur wenig Wasser führt, entspringt am Fusse einer stark verwitterten Felswand. Infolge schwerer Regengüsse setzte sich das Geröll, welches sich während Jahrhunderten auf einer Strecke von 1500 m längs des Baches aufgehäuft hatte, am Hang mit einer Neigung von 60% in Bewegung. Diese Felstrümmer waren ziemlich gleichartig und wiesen eine Durchschnittsgrösse von 5 bis 30 cm auf. Die Bergsturzmasse wurde auf 150 000 oder 200 000 m^3 geschätzt, und sie ergoss sich 300 m weit in einer Breite von 50 bis 120 m über den kleinen Kegel, der das Dorf trägt. Es gab keine Todesopfer, weil die Bewohner in der Nacht den Lärm der herabstürzenden Steine hörten und in aller Hast nach *Mazembroz* flohen. Dieses Dorf ist von Reben umgeben und besitzt eine Kapelle aus dem Jahre 1734. In all diesen Dörfern, besonders aber in Mazembroz, erblickt man kleine, aussergewöhnliche Gebäude. Sie dienen den Leuten von Bagnes und Entremont während der Arbeiten in ihren Weinbergen als Unterkunft. Es ziehen aber nicht alle Familienglieder in die Rebberge, sondern nur die tüchtigsten Arbeitskräfte. Von Mazembroz führt ein Pfad nach Beudon empor, einer bebauten Hochfläche 400 m über der Ebene, inmitten von Felsen, wo ein bedeutender Weinberg angelegt wurde.

Unser Weg zieht sich am Bergfuss hin. In den letzten Reben östlich von Mazembroz wurde im Jahre 1936 ein römischer Friedhof freigelegt, der sich in einer Tiefe von 1,20 m bis 1,30 m auf einer schwarzen Erdschicht befand. Auf einer Fläche von 15 x 3 m entdeckte man etwa 30 Vasen aus gebranntem Ton, die zerbrochene Knochen, teilweise mit einer Spange versehen, enthielten. Ringsherum fand man 10 bis 20 Geldstücke, eine Sichel, eine kleine Hundestatue aus Elfenbein und eine beinerne Scheibe. Etwas weiter wurde unter den Felsen am Fusse zweier Schuttkegel im

Jahre 1938–1939 eine 4 m breite Bresche geschlagen, um Steine für den Rhonedamm zu brechen. Dort wurden sechs Steinplattengräber entdeckt. Eines lehnte gegen den Felsen und barg zwei 25 cm lange Nadeln. Diese Grabstätten stammen aus der Bronzezeit und kamen in das Landesmuseum in Zürich. Wieder etwas weiter weist eine Menge Blöcke auf einen ehemaligen Bergsturz hin. Heute werden dort Reben gepflanzt. Zahlreiche Funde wurden auf Boden der Gemeinde Fully getätigt: zerstörte Gräber und umherliegende Dinge, die sich zum Teil in Museen befinden. In Beudon wurden mehrere Gräber zerstört, die viele Gegenstände enthielten.
Beim Durchschreiten der ausgedehnten Gemeinde Fully kann man sich von der ertragreichen Landwirtschaft überzeugen. Die Bevölkerung zählte 1980 3926 Einwohner.
Nunmehr auf Boden der Gemeinde Saillon, wandert man durch die grosse Landwirtschaftsdomäne von *La Sarva,* die Sandhügeln und Sumpf abgerungen wurde. Längs Kristallinfelsen gelangt man an den Fuss der hohen Felswand aus Sedimentgestein, die sich von Saillon bis zur Dent-de-Morcles aufschwingt. Zur Zeit der Schneeschmelze in den Bergen sprudeln im Juni/Juli am Fusse dieser Wand bedeutende Quellen hervor. Am 8. Juli 1937 wurde im Kessel des Grand-Pré auf 2000 m, wo das Wasser versickert, ein Färbungsversuch gemacht. Das gefärbte Wasser erschien aber in La Sarva nicht, doch wurde vielleicht die Kontrolle nicht lange genug durchgeführt.
138 m über der Ebene öffnet sich die Grotte von Poteu, die nach Südwesten gelegen und leicht zugänglich ist. Eingangs weist sie einen schönen Vorplatz auf, steigt 10 m an zum Gewölbe, wo viele Fledermäuse Unterschlupf finden, senkt sich hernach 18 m am sanften Hang und endigt in einem senkrechten, 59 m tiefen Abgrund. Eine Erforschung des Vorplatzes ergab, dass die Grotte bewohnt war.
50 m weiter oben nistete 1946 und 1947 ein Uhupaar. Die Ernährungsweise dieses prächtigen, in der Schweiz so selten gewordenen Nachträubers konnte in allen Einzelheiten beobachtet werden. Der Uhu holte vor allem Frösche und suchte zum Teil seine Nahrung bis auf 2000 m. Noch weiter oben wurde am Fusse derselben Wand schon im Jahre 1875 in einer Kalkschicht ein Marmorbruch ausgebeutet. Der Betrieb wurde zur Herstellung von Presskohle wieder aufgenommen. Man kann dort Stücke verschiedener Marmorarten sammeln. Diese waren sehr geschätzt und wurden zum Bau von Säulen in der Pariser Oper, im Bundeshaus und in der Kantonalbank von Zürich verwendet.
Das Dorf *Saillon* liegt auf einem Felsenhügel, der die Ebene überragt. Die

Häuser stehen gestaffelt am Abhang, was einst günstig zur Verteidigung war. Die Herzöge von Savoyen bauten den Ort als Festung aus, und dieser malerische Flecken aus dem 13. Jh. ist der besterhaltene in der Schweiz. Der runde Turm, ähnlich denjenigen in Saxon, Martigny, Bex und St-Triphon, wurde von Meinier, dem Baumeister Peter II. von Savoyen, erstellt. Im Jahre 1475 zerstörten die Walliser das Schloss. Die Ringmauer besteht noch fast vollständig, wird jedoch zum Teil von den angebauten Häusern verdeckt. Im Westen wird sie durch drei, und im Norden durch fünf halbrunde Türme verstärkt und ist von drei Eingängen durchbrochen. Die Bevölkerung stieg von 136 Einwohnern im Jahre 1778 auf 938 im Jahre 1980. Zwischen Hospiz und Kirche erinnert eine Gedenksäule an den einflussreichen Politiker Maurice Barman, der im Jahre 1878 gestorben ist. In der Nähe das Grab des Falschmünzers Farinet. Er stellte bloss Zwanzigrappenstücke in Nickel her und nur in kleinen Mengen. Jedermann liebte ihn. Er wurde in der Schlucht der Salentse von einem Polizisten getötet. Dies gab Ramuz Stoff zu einem Roman.

Von Saillon aus wandert man in südöstlicher Richtung über die Talebene zur Rhonebrücke, quert diese und folgt auf dem Rhonedamm zur Station *Saxon*.

Das Städtchen Saillon mit seinen Stadtmauern und Toren wird von einem mächtigen Turm überragt (Routen 3, 4)

4 Charrat–Fully–Randonne–Saxon

Route	Höhe in m	Hinweg	Rückweg
Charrat-Fully/Station	461	–	5 Std. 30 Min.
Fully	461	20 Min.	5 Std. 10 Min.
Randonne	1393	3 Std.	3 Std. 30 Min.
Saillon	510	4 Std. 30 Min.	1 Std.
Saxon/Station	465	5 Std. 30 Min.	–

Am Ausgang der Station von *Charrat* folgt man der Strasse, die durch die Ebene nach *Fully* führt. Grosses Dorf einer bedeutenden Gemeinde. Neuromanische Kirche aus dem Jahre 1934, Glockenturm von 1747. Zur Gemeinde gehören die Dörfer Branson, Châtaignier, Saxé und Mazembroz in der Ebene und Eulo, Buitonne und Chibo am Hang. Sehr fruchtbarer Boden, günstig zum Anbau von Reben, Obstbäumen, Erdbeeren und Spargeln, was zum Aufschwung der Gemeinde beigetragen hat. Die Bevölkerung wuchs von 446 Einwohnern im Jahre 1802 auf 3870 im Jahre 1975 an. Unser Weg steigt oberhalb des Kirchdorfes durch einen Kastanienwald empor, den letzten Rhonetal aufwärts. Es wächst dort eine sehr seltene Wicke (Vicia pysiformis). Man überwindet ein Couloir, zieht an der Leitung des vom Fully-See gespiesenen Kraftwerks vorbei, steigt zu den Weilern *Eulo* und *Buitonne* empor, quert einen breiten Lawinenzug und erreicht die beiden Häusergruppen von *Chibo*. Durch eine grosse Schlucht gelangt man nach *Randonne*. Dieser Ort, welcher früher das ganze Jahr bewohnt war, dient heute der Alpwirtschaft. Prächtiger Blick auf das Mittelwallis von Martigny bis Leuk.

Um abzusteigen folgt man bei der Weggabelung 400 m östlich des Stalles von Randonne dem breiten Weg, der sofort in Kehren nach *Sinlio* hinunterführt. Man nähert sich der hohen Kalkwand, die sich aus der Ebene erhebt und zum Grand-Chavalard fortsetzt. An ihrem Fusse wurde in einer 15 m dicken Urgonienschicht gestreifter Zipolinmarmor ausgebeutet, der unter dem Namen ‹vert de Saillon› bekannt war und zum Bau von Säulen in der Pariser Oper, im Bundeshaus und in der Kantonalbank von Zürich Verwendung fand. Die im Jahre 1875 begonnene Ausbeutung wurde aufgegeben, kürzlich aber zur Gewinnung von Presskohle wieder aufgenommen. In der Felswand konnte die Brutstätte eines Uhus, dieses in der Schweiz so selten gewordenen schönen Nachträubers, beobachtet werden. Bevor die Ebene erreicht wird, empfiehlt sich noch der Besuch der Grotte von Poteu, deren

Eingang vom Weg aus zu sehen ist. Der schöne Vorplatz der Höhle war in vorhistorischer Zeit bewohnt. Es wurden dort Reste von Feuerstellen und einige Gegenstände gefunden. Die Fledermäuse flüchten sich in grosser Zahl in dieses Gewölbe. Dahinter senkt sich der Gang und mündet bald am Rande eines senkrechten Schachtes mit sandigem Grund. Die ausgiebigen Quellen am Fusse der Wand werden durch einen Kanal und mittels Pumpwerk in die Rhone geleitet.
Man verfehle nicht, das auf einem Felsen gelegene Dorf *Saillon* mit Turm und Festungswällen zu besuchen (siehe Route 3).

Nebenroute

a) *Randonne–Ovronnaz.* Man kann von Randonne aus nach Ovronnaz gelangen, indem man einer hübschen Waldstrasse hoch über dem Rhonetal folgt und durch den Wald von Plan-Charrat den Alpweiler Tsou erreicht. Schöner Blick auf die prächtigen Walliser Weinberge in der Ebene von Martigny bis Riddes. Marschzeit etwa 2 Std. Postauto-Verbindungen nach der Station Riddes oder zum Bahnhof Sitten. Über Leytron nach Riddes siehe Route 5.

Die Violette-Hütte oberhalb Montana mit ▷
Bishorn, Weisshorn und Zinalrothorn
(Route 35)

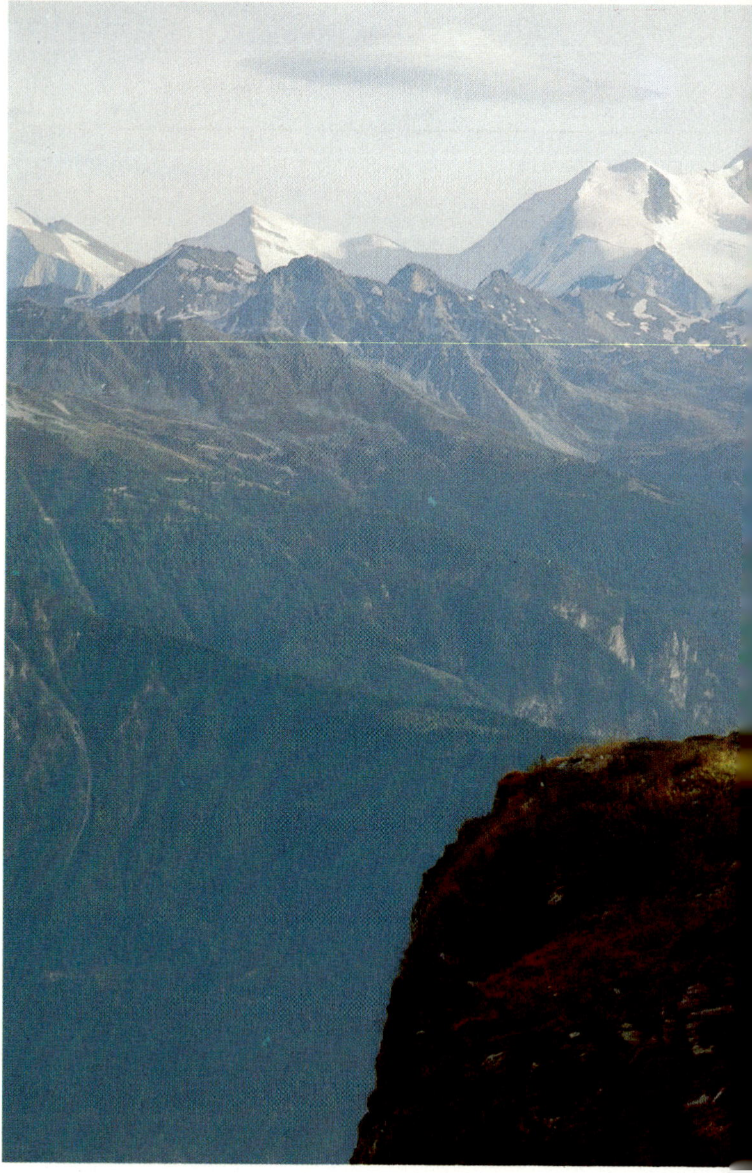

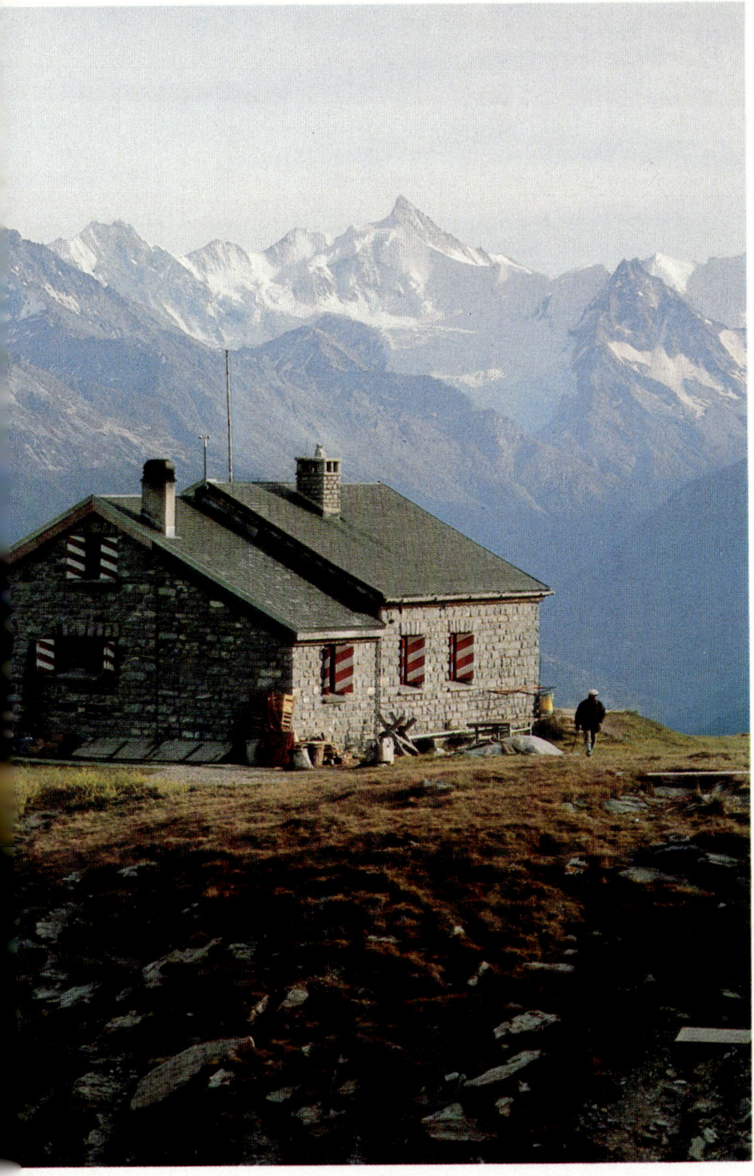

Romanische Kirche von St-Pierre-de-
Clages aus dem Anfang des 12. Jh.,
in der Bauart der Cluniazenser
(Routen 5, 10)

40

Ovronnaz–Derborence

Karte 2

Ovronnaz

Der Ort liegt rechts der Rhone am Hang zwischen Martigny und Sitten in einer Höhe von 1300 m, von der Natur begünstigt, auf einem nach Süden gerichteten, sonnigen Plateau. Als Sommer- und Winterkurort ist Ovronnaz eine der Perlen der Walliser Fremdenstationen. Hotels, zahlreiche Chalets und Ferienwohnungen bieten mehr als 3000 Gästen Unterkunft, die in idealen Verhältnissen in herrlicher Ruhe ihre Ferien verbringen können. Ovronnaz besitzt ein gesundes, kräftigendes Klima und ist von prächtigen Wäldern umgeben, die zu reizenden Spaziergängen einladen. Man wandert der Salentse entlang, durchstreift Tsou, folgt dem Weg von Corniche und kehrt über Tourbillon zurück, wo man nach Odonne oder Plan-Passé abzweigen kann. Auf hübschen Pfaden erreicht man Chamoson am Fusse des Ardève. So kann man viele Wanderungen unternehmen, die weniger als einen halben Tag beanspruchen. Wer gern einen Tag in der Einsamkeit verbringen will, sucht die Hochebene von Brégnieux, La Seya oder den Gipfel des Ardève auf, wo man einen grossartigen Tiefblick ins Rhonetal geniesst. Die Alpen von Eulio, Bougnone, Saille, Loutse und Chamosentse mit den weidenden Viehherden, die mancherorts so selten geworden sind, lassen diese Wanderung zu einem besonders frohen Erlebnis werden.

Wer mehr Zeit zur Verfügung hat, kann sich die SAC-Hütte Rambert (2580 m) am Fusse des Muveran zum Ziel setzen und dort die Nacht verbringen. Am nächsten Tag steigt man nach Ovronnaz hinunter und erreicht Derborence oder Pont-de-Nant. Oder man steigt zur Hütte von Dent-Favre (2000 m) empor, von wo die Wanderung über den Col-de-Fenestral, nach Sorgno oder zum Fully-See fortgesetzt werden kann. Rückkehr unterhalb des Grand-Chavalard.

Ausser diesen vorgeschlagenen Touren können mit einem Führer auch sämtliche Gipfel, die Ovronnaz überragen, bestiegen werden: Grand-Chavalard, Dents-de-Morcles, Tête-Noire, Dent-Favre, Grand- und Petit-Muveran, Pointe-de-Chemo.

Ovronnaz als Ausgangspunkt einer ganzen Reihe von Wanderungen, die in diesem Buch beschrieben sind, wird jeden entzücken, der seine Pfade begeht.

5 Riddes–Ovronnaz–Chamoson

Route	Höhe in m	Hinweg	Rückweg
Riddes/Station	471	–	5 Std. 20 Min.
Leytron	501	20 Min.	5 Std.
Ovronnaz	1332	3 Std.	3 Std. 20 Min.
Chamoson/Station	488	5 Std. 30 Min.	–

Gemeinde und Dorf *Riddes* liegen auf dem Schuttkegel der Fare. Die Bevölkerung zählt heute 1786 Einwohner (1980). Kirche von 1701. Man quert die Rhone und die Ebene und kann während des Wanderns nach Leytron die Landschaft oberhalb dieses Dorfes betrachten. Nach dem Rückzug der Gletscher geriet der Erdboden am Hang zwischen Ardève und der Schlucht der Salentse bis zur Hochfläche von Ovronnaz in Bewegung. Das weiche Liasgestein zerfällt und ergibt eine plastische schwarze Erde. Die Masse glitt langsam bis in die Ebene hinunter, und der Scheitelpunkt sank ein. Die Stelle des Abrisses ist gut zu erkennen.

Das Dorf *Leytron* liegt am westlichen Rande des Schuttkegels von Chamoson. Die Gemeinde zählt 1793 Einwohner. Man steigt auf einer Nebenstrasse bis oberhalb des Dorfes an und erblickt sofort den grossen Erdwall, der die Basis der abgerutschten Masse bildet. Die Strasse zieht sich über dieses Gelände. Auf der Gleitmasse liegt das Dorf *Produit*. Verschiedene Steinhäuser mussten abgebrochen werden, andere zeigen Risse und stehen schief, die Bäume neigen zur Seite und die Strasse ist uneben. Die Kontrollpunkte im Dorf zeigten, dass die Erdbewegung überall besteht, am geringsten längs eines Grates, der sich gegen die Dorfmitte hinzieht. Nach eingehenden Studien wurde beschlossen, keine Steinbauten mehr zu erstellen. Dem wurde aber nicht Rechnung getragen, und mehrere neue Häuser baute man unklugerweise wieder aus Stein. Das Dorf Produit wurde zweimal von einer Feuersbrunst heimgesucht.

Noch deutlicher zeigt sich die Erdbewegung in *Montagnon,* wo die Kapelle und die Holzhäuser ganz schräg stehen. Weiter oben muss die Strasse der starken Unebenheiten wegen häufig ausgebessert werden. Der eidgenössische topographische Dienst nahm an 13 Stellen Messungen vor und stellte fest, dass die allgemeine Erdbewegung fortdauert. Von 1931 bis 1938 betrug die Geschwindigkeit 3 bis 100 cm im Jahr. Die Rutschungen sind auf das Einsickern des Regenwassers und die äusserst grosse Nachgiebigkeit des Bodens zurückzuführen.

Bei Pt. 890 verlässt die Strasse die Rutschmasse und wendet sich zum Weiler *Dugny*. Da sich die Möglichkeit bietet, den gut wahrnehmbaren Erdrutsch beobachten zu können, wird diese Wanderung besonders interessant.
Oberhalb Dugny gelangt man auf eine Hochebene mit dem Weiler *Ovronnaz*. Hotels und Ferienhäuschen. Wir folgen der Strasse, die sich ebenhin nach Südosten zieht und um den Fuss einer bewaldeten Kuppe herumführt. Der Gipfel des Ardève, welcher sich in der Mitte dieser Landschaft erhebt, fesselt den Blick. Er kann bestiegen werden, doch erfordert eine Stelle am Anfang des Aufstiegs eine gewisse Vorsicht. Von 1850–1860 wurden auf der Alp von Chamosentse (1908 m) etwa 1500 Tonnen Eisenerz für den Hochofen von Ardon ausgebeutet.
Der Abstieg erfolgt über die *Maiensässe von Chamoson,* einen ausgedehnten, mit kleinen Häuschen übersäten Grashang. Himmelfahrts-Kapelle aus dem Jahre 1943. Prächtiger Blick auf die grosse Wand des Haut-de-Cry. Über einen bewaldeten Hang hinab erreicht man die Losentse und den Weiler *Grugnay*. Im Januar 1906 ereignete sich auch hier ein Erdrutsch. Unter den Felsen des Haut-de-Cry glitt der Wald ungefähr 300 m ab, die Wiesen von Neimia wurden verwüstet und in den Dörfern Grugnay und Chamoson herrschte grosse Angst. Doch kam die Rutschmasse zum Stillstand, indem sie zwischen dem festen Grund von Azerin und Neimia verkeilt wurde.
Wir setzen unsern Abstieg auf dem mächtigen Schuttkegel der Losentse fort und gelangen zum Dorfe *Chamoson*. 2094 Einwohner (1980). Neugotische Kirche von 1930, Glockenturm von 1751. Weiter unten das Dorf *St-Pierre-de-Clages,* dessen romanische Kirche schon 1153 erwähnt wird. Sie gehörte der Benediktiner-Abtei Ainy in Lyon. Basilika im Stil der Cluniazenser. Das mehrmals umgestaltete Schiff enthält vier Emporen, die von Pfeilern getragen werden, deren Kapitäle und Stützbogen teilweise mit Malereien geschmückt sind. Ein zierlicher, achteckiger, zweistöckiger Turm erhebt sich über dem Fensterkreuz des Querschiffes. Im ersten Stock befindet sich auf jeder Seite ein Bogenfenster; der zweite Stock weist Doppelfenster auf, die durch zwei Säulen mit verzierten Kapitälen getrennt sind. Der Turm stammt aus viel späterer Zeit als die Kirche.

6 Ovronnaz–L'Ardève

Marschzeit 1 Std. 20 Min.

Kurze Wanderung, die als Abzweigung von Route 5, Riddes–Ovronnaz–Chamoson betrachtet werden kann. Von *Ovronnaz* folgt man der Strasse, die *Chevaley* mit den Maiensässen von Chamoson verbindet. Am Ausgang eines schmalen Waldstreifens verlässt man sie und biegt auf einen Weg nach rechts ab, der etwa 60 m in die Maiensässe absteigt. Nun folgt man dem bewaldeten Grat, der sich zwischen den Maiensässen von Chamoson und dem Hang von Leytron hinzieht. Nach 140 m Anstieg gelangt man an den Fuss eines kleinen Felsens, der mit Vorsicht erklettert werden muss. Von dort folgt man dem Kamm mehr oder weniger am Rande des Felsens bis auf den Gipfel des *Ardève* (1474 m). Die Anstrengung lohnt sich, steht man doch fast 1000 m über dem Dorfe Leytron.
Als Abstieg wählt man am besten den gleichen Weg bis zu den Maiensässen von Chamoson, wo man die Strasse zur Ebene hinab wiederfindet.

Abzweigungen

a) *Ovronnaz–La Corniche–Morthay–Ovronnaz* (2 Std. 30 Min.)
Schöner Waldspaziergang zu einer prächtigen Aussichtswarte oberhalb Ovronnaz.
Diese Wanderung kann auch von Behinderten und von Kindern unternommen werden. Der Höhenunterschied von 1350 m auf 1500 m ist gering. Der Weg zieht sich in einem weiten Bogen im Wald von *Tourbillon* oberhalb der Strasse von Chevaley hin, biegt im Talgrund, am Fuss der Alp von Saille um, führt der Salentse entlang ebenhin in den Wald von Plan-Passé und oberhalb des Kantonalen Sportzentrums zur Lichtung der *Mayens-de-Tsou*. Von hier steigt man nach *Morthay* hinab, dem Vorort von Ovronnaz.

b) *Ovronnaz–Tourbillon–Loutse–Ovronnaz* (2 Std.)
Angenehme Wanderung mit schöner Aussicht.
Zu Fuss oder mit dem Wagen erreicht man von *Ovronnaz* aus den Skilift von *Loutse*. Von dort dringt ein Pfad in den Wald ein, führt einer früheren Bisse entlang, biegt nach links um und erreicht wieder die Rippe mit dem Skilift, die nach *Loutse* ansteigt. Der Hang von Loutse bietet eine erstklassige Sicht ins Rhonetal und auf die Walliser Alpen.
Die Rückkehr erfolgt auf einer Waldstrasse nach den *Mayens-de-Chamoson* und an der Pension Peuplier vorbei nach *Ovronnaz*.

7 Ovronnaz–Grand-Garde–Ovronnaz

Route	Höhe in m	Hinweg	Rückweg
Ovronnaz	1332	–	2 Std.
Grand-Garde	2145	2 Std. 30 Min.	–

In *Ovronnaz* schlägt man den Weg ein, der ins Tälchen von Saille emporführt. Man quert die Salentse und steigt durch den Wald hinauf bis zur kleinen Hochfläche von *Odonne* (1597 m). Von dort leitet ein Pfad südwärts durch den Wald bis zu den Hütten *Montagne-de-Quieu* (1945 m). Nun entweder weglos durch die einzelstehenden Bäume auf den Gipfel des *Grand-Garde* (2145 m) oder einem Pfad in nördlicher Richtung zu Pt. 2141 folgen und von dort ebenhin über den Grat zum Gipfel. Prächtige Aussicht auf das benachbarte Gebiet der Kalkalpen, auf das Rhonetal und einen Teil der Südalpen.

Man steigt wieder zu den Hütten von Quieu ab und kann von dort auf derselben Route zurückkehren oder einen bessern Weg wählen, der südwärts bis an den Rand der Felswand in den Wald von *Le Betson* führt. Nach einer Reihe von Kehren gelangt man über die Maiensässe von *Tsou* nach *Mortay* unterhalb *Ovronnaz* und in den Talgrund hinab.

8 Ovronnaz–Sorgno–Morcles

Route	Höhe in m	Hinweg	Rückweg
Ovronnaz	1332	–	8 Std.
Petit-Pré	1996	2 Std. 15 Min.	6 Std. 30 Min.
Sorgno (Lac de Fully)	2064	4 Std. 15 Min.	4 Std. 30 Min.
Morcles	1160	8 Std. 15 Min.	–

Nach *Ovronnaz* mit dem Postauto Leytron–Ovronnaz oder zu Fuss (siehe Route 5). Man quert die Salentse, steigt auf dem Alpweg durch den Wald empor, kommt am kleinen Maiensäss von *Odonne* vorbei und erreicht kurz darauf Pt. 1780. Hier kann man entweder den Weg nach links wählen, der direkter nach *Petit-Pré* hinaufführt, oder denjenigen nach rechts, der eine weite Schlaufe über Bougnone zieht. Der Petit-Pré ist ein kleiner Erdtrichter,

Ovronnaz–Derborence

wo das Wasser versickert. Etwa 100 m höher befindet sich der Grand-Pré (Euloi), eine ausgedehnte Bodensenkung, auf deren Grund sich anfangs Sommer das Schneeschmelzwasser sammelt, in einem Trichter verschwindet und wahrscheinlich in Saillon zutage tritt. Ein Färbungsversuch wurde vorgenommen, aber das Ausfliessen des Wassers wurde nicht lange genug kontrolliert.

Nun wendet man sich dem *Lui-d'Août* zu (1959 m). Ein fast eben verlaufender Pfad führt um die Flanken des Grand-Chavalard herum. Von der kleinen Hütte in *Erié* folgt ein Saumweg beinahe der Grenze zwischen dem höher gelagerten Sedimentgestein und den Kristallinfelsen. Die Landschaftsformen dieser beiden Gesteinsarten sind äusserst verschieden. Man gelangt in den Kessel des Fully-Sees und erblickt etwas oberhalb des *Lac-Devant* das grosse Berghaus von *Sorgno,* das von Ferienkolonien benützt wird. Es besteht die Möglichkeit, dort zu übernachten (Auskunft im Pfarrhaus Fully). 70 m weiter oben befindet sich der *Fully-See,* ein Trichtersee, dessen Spiegel erhöht wurde, um das Wasser für das Kraftwerk von Fully zu nutzen. 1922 setzte man dort eine unsern Forellen verwandte Fischart, den Christiwomer Namaycush aus, der in den Strömen und grossen Seen Nordamerikas lebt. Er wird bis 1 m lang, und sein mittleres Gewicht beträgt 8 kg. Nach drei Jahren hatten die Fische im Fully-See eine Länge von 39 bis 45 cm und ein Gewicht von 800 bis 1000 g erreicht. Seitdem wurde ein Weiterwachsen festgestellt, aber sie werden nicht so gross wie in ihrer Heimat, wegen der ungenügenden Nahrung in der Höhe von 2135 m, weil der See während des grössten Teils des Jahres mit Eis bedeckt ist. Das Tälchen, welches sich von der Dent-de-Morcles herunterzieht, ist geologisch sehr interessant. Der untere Teil in der Nähe der Seen ist kohlenhaltig und hier und dort von Gletschermoränen bedeckt. Weiter oben setzen sich die sekundären Felsschichten des Grand-Chavalard im Six-Tremble zur Dent-de-Morcles fort. Im Südwesten lagern Bruchstücke von Triasgestein über den Kristallinfelsen bis zum Portail-de-Fully.

Vom Berghaus Sorgno erklimmt ein Pfad den *Col-du-Demècre* (= mercredi = Mittwoch). Wunderbarer Blick über die ungeheure Weite der Landschaft. Überwältigt bestaunt man das Mont-Blanc-Massiv, die Walliser Alpen, die Dents-du-Midi, die Dent-de-Morcles, und man erblickt das Rhonetal, das ganze Mittelwallis und das Unterwallis.

Der Abstieg erfolgt durch das von einem einstigen Gletscher prächtig geformte Tälchen Creux-de-Dzéman. Rechts die Wände von Bella-Crêta, links die rötlichen Felsen von Bésery. Etwas unterhalb der Hütten von *L'Au-d'Arbignon* befindet sich berühmtes fossilienreiches Schiefergestein. Em-

porblickend, bewundern wir die aufragenden Felsen: über der Wand aus Malm liegt Flysch, überlagert von allen Gesteinsarten, aus denen die Dent-de-Morcles besteht. Klassisches Gebiet für die Geologie der Alpen.
Man setzt die Wanderung nordwärts durch den Wald fort und befindet sich auf Boden des Vallorcine-Granit. Beim Torrent-Sec betritt man waadtländisches Gebiet und steigt zum Dorfe *Morcles* ab.
Nach St-Maurice zurück mit dem Postauto oder zu Fuss dem Weg entlang, der bis Lavey-les-Bains abseits der Strasse führt.

Abzweigungen

a) *Sorgno–Portail-de-Fully–Champex–Dorénaz* (2 Std. 30 Min.)
Diese Wanderung ist lang, kann aber bei Benützung der Luftseilbahn um 2 Std. gekürzt werden. Vom Eingang des Kessels *Montagne-de-Fully* wendet man sich westwärts (la Lui-Desande = pente du Samedi) und findet einen Pfad, der zum *Portail-de-Fully* emporführt. Man steigt etwa 200 m auf dem Grat ab, danach rechts über den Hang von *La Mèna* (einzelstehende Bäume) zu den Hütten von *L'Au-d'Allesse,* von wo ein Weg durch den Wald hinunter nach *La Giète* und *Champex* führt. Hier kann die Luftseilbahn nach *Dorénaz* benützt werden.

b) *Sorgno–Col-de-Fenestral–Euloi–Ovronnaz* (2 Std. 30 Min.)
Wenn man vom Berghaus der Ferienkolonie von Sorgno am Montagne-de-Fully auf einem andern Weg als dem des Aufstiegs wieder nach Ovronnaz zurückkehren will, kann man einem Pfad folgen, der auf der Höhe des Berghauses das Tälchen quert und am linken Hang zum *Col-de-Fenestral* (2453 m) emporführt. Vom Pass steigt man in den abgeschlossenen Talkessel von *Euloi* ab und mündet bei *Petit-Pré* in den Weg des Aufstiegs ein. Das Schneeschmelzwasser sammelt sich dort und verschwindet in einem Trichter. Abstieg nach *Ovronnaz*.

9 Ovronnaz–SAC-Hütte Rambert–Les Plans

Route	Höhe in m	Hinweg	Rückweg
Ovronnaz	1332	–	7 Std. 30 Min.
SAC-Hütte Rambert	2580	3 Std. 30 Min.	5 Std. 30 Min.
Pont-de-Nant	1253	6 Std. 15 Min.	20 Min.
Les Plans	1095	6 Std. 40 Min.	–

Nach *Ovronnaz* mit dem Postauto Leytron–Ovronnaz oder zu Fuss von Riddes oder Chamoson aus (siehe Route 5). Von Ovronnaz folgt man entweder dem direktern Weg am linken Ufer der Salentse oder dem rechtsufrigen, der etwa zehn Schlaufen zieht. Auf der ersten Stufe liegt die Alphütte von *Saille*. Das Becken ist mit Geröll angefüllt. Die zweite, bedeutendere Stufe ist eine Schwemmlandebene, auf der *Plan-Coppel* liegt, und eine dritte Stufe bildet *Plan-Salantse*. Die Erosionstätigkeit des einstigen Gletschers, der dieses Tälchen formte, ist gut sichtbar. Nach einem letzten Anstieg erreicht man am Fusse des Grand-Muveran die neue *Rambert-Hütte*, die von der SAC Sektion Diablerets erbaut wurde. Sie wird bei der Besteigung des Grand-Muveran und Petit-Muveran benützt.

Wir setzen unsere Tour bis nach la *Frête-de-Saille* fort, dem tiefsten Punkt des Grates, der die beiden Muverans verbindet. Der Westhang ist sehr felsig und fällt ins Tälchen von *Nant* ab. Umfassende Aussicht auf die Dents-du-Midi, die Mont-Blanc-Kette und das untere Rhonetal. Im Norden erblickt man Les Diablerets, l'Argentine und die sanftern Formen der Voralpen von Gryon und Villars. Von Frête-de-Saille nach *La Larze* (= mélèze = Lärche) folgt man einem kleinen Pfad durch schroffe, von Couloirs zerschnittene Felsen. Je nach der Jahreszeit können diese am Steilhang von Firnschnee bedeckt sein, was grosse Vorsicht und Berggewandtheit verlangt. In *Pont-de-Nant* lohnt sich ein Besuch des Botanischen Alpengartens der Universität Lausanne. *Les Plans* erreicht man entweder der Strasse entlang oder man wählt einen Pfad, der durch die Schlucht des Avançon führt. Nach Bex zurück mit dem Postauto.

10 Chamoson–La Routia–Ardon

Route	Höhe in m	Hinweg	Rückweg
Chamoson/Station	488	–	4 Std. 20 Min.
Chamoson/Dorf	619	40 Min.	4 Std.
La Routia	1306	3 Std.	3 Std.
Ardon/Station	486	4 Std. 20 Min.	–

Auf dieser Wanderung hat man Gelegenheit, die romanische Kirche *St-Pierre-de-Clages* zu besuchen, die erstmals 1153 erwähnt wird (siehe Route 5). Man steigt auf den grossen Schuttkegel der Losentse empor und erreicht das Dorf. Neugotische Kirche aus dem Jahre 1930. Eindrucksvoller Blick in die gewaltige Wand des Haut-de-Cry, welche das Dorf prächtig umrahmt. Man wendet sich nun diesen Felsen zu und gelangt zuerst in den Weiler *Grugnay*. Etwas weiter oben verlässt man die Strasse und folgt einem Pfad durch die Wiesen. Bald betritt man höckerigen Boden. Man hält nach rechts und erreicht die kleine Häusergruppe von *Neimia,* die auf einer hübschen Hochfläche gelegen ist. Wir halten an, um den Erdrutsch von Grugnay zu betrachten. Im Januar 1906 bemerkten die Bewohner von Chamoson, dass sich die Bäume des Waldes unterhalb des Haut-de-Cry nach allen Seiten hin neigten. Die ganze Erdoberfläche hatte sich dort infolge ausgiebiger Regenfälle in Bewegung gesetzt. Die Höcker in den Wiesen von Neimia sind noch sichtbar. Die Angst war gross, aber die abgleitende Masse kam oberhalb Grugnay dank zwei festen Gesteinsschichten zum Stillstand.

Der kaum sichtbare Pfad am Hang von *La Routia* beginnt bei einem Reservoir am Waldrand oberhalb der letzten Häuser von Neimia und steigt durchs Gehölz empor. Man muss nach rechts halten, aber nicht sofort ansteigen; bald ist der Pfad besser zu erkennen. Er führt zu den Felsen. Kamine und kleine Rinnen ermöglichen das Erklimmen der Wand. Obschon dieser Aufstieg nicht schwierig ist, erfordert er doch Vorsicht und eine gewisse Erfahrung, sich im Fels zu bewegen. Vor allem sind gute Schuhe nötig. Man stösst auf einen kleinen bewaldeten Pass hinaus und kann von dort nach rechts hin den aussichtsreichen Pt. 1306 erklimmen und hernach wieder auf die Maiensässe von Ardon absteigen. Noch lohnender ist es, vom kleinen bewaldeten Pass (1306 m) einem winzigen Pfad zu folgen, der nach links über einen Steilhang hinauf zu Pt. 1747 führt. Man steht am Rande der Wand, die Neimia 800 m überragt, und geniesst einen wunderbaren Blick

Oberster Teil des geschützten Waldes
von Derborence. Felswand mit senkrechten Rinnen (Route 12)

über das Mittelwallis. Etwas weiter oben kann man in Vertsan die eine der beiden Walliser Kolonien mit österreichischem Drachenkopf bewundern. Dieser schöne, blaue Lippenblütler kommt in der Schweiz sonst nur noch in Graubünden vor.
Der Abstieg vollzieht sich über den Grat, dem man etwa 200 m weit folgt bis zum Anfang der Alpweide von Vertsan. Am Waldrand findet man einen guten Weg, der weiter unten in denjenigen von Derborence nach Ardon einmündet. Im Wald von Fâde am gegenüberliegenden Hang gibt es einen Platz mit Frauenschuh, und in den Felsen weiter unten wachsen Feuerlilien. Ich empfehle diese Wanderung über La Routia sehr; denn sie ist eindrucksvoll wie eine Bergtour, obschon sie nur auf 1700 m emporführt. Besonders in der Zeit, da die höheren Regionen schwer zugänglich sind, wird ein so wenig bekanntes Ziel in der Nähe der Ebene geschätzt.

11 Aven–Derborence–Pas-de-Cheville–Gryon

Route	Höhe in m	Hinweg	Rückweg
Aven	931	–	7 Std. 30 Min.
Derborence	1513	3 Std. 45 Min.	4 Std. 20 Min.
Pas-de-Cheville	2038	5 Std. 25 Min.	3 Std. 20 Min.
Gryon	1114	7 Std. 30 Min.	–

Nach *Aven* (Conthey) mit dem Postauto Sitten–Erde–Aven. Von dort nach Godey muss die 1954 erstellte Strasse benützt werden. Nun wandert man bis zum See weiter.
Längs des Weges zwischen Aven und dem Eingang des Tales von Derborence stehen 14 Bethäuschen mit den Stationen des Kreuzweges. Auf dem Grat findet man überraschenderweise eine dem heiligen Bernhard von Mont-Joux geweihte Kapelle, welche die Vorübergehenden daran erinnern soll, vor dem Betreten dieses Tales den göttlichen Schutz zu erbitten. Der Fluss hat sich dort tiefe Schluchten gegraben. Von Courtena bis zur Ebene ist er wie eingesägt und es war unmöglich, dort einen Weg anzulegen. Die beiden Talhänge sind nach allen Richtungen hin von Felswänden zerschnitten, so dass dort niemand durchkommen konnte, als das Sprengen noch nicht bekannt war. Mit der Zunahme der Bevölkerung wurde es jedoch nötig, den Boden des obern Talteiles zu nutzen. Ohne grosse Schwierigkeiten wurde ein ebenhin führender Weg bis nach *Madouc* in den Hang eingeschnitten, wo man auf die hohe, kreisbogenförmige Felswand der Ceinture-Blanche stiess. Diese musste umgangen werden, indem man 300 m emporklomm und über einen bewaldeten Hang wieder hinunterstieg. Später wurde ein Weg zur Höhe der Ceinture-Blanche erstellt, der von Hand 80 m weit in eine Felswand am Hang von 20° Neigung eingeschnitten werden musste. Es wurden dort 35 niedere Stufen ausgehauen, und jeder Tritt wurde noch ein wenig ausgehöhlt und mit Erde und Kies ausgefüllt, um das Ausgleiten von Menschen und Tieren auf diesem Kalk, der sich rasch abschleift, zu verhindern. Etwas weiter ist der Fels stark abschüssig. Mit Pfosten gestützte Lärchenbalken und daraufgesetzte Mauern machten ihn begehbar. Auf diesem halsbrecherischen Weg zogen bis in unsere Tage jeden Sommer etwa 800 Stück Vieh dahin. Wann diese erstaunliche Arbeit geleistet wurde, ist nicht genau bekannt. Auf jeden Fall war es vor 1500, wo man noch nichts von der Anwendung des Schiesspulvers wusste.
1954 wurde eine Strasse gebaut, die im ersten Teil dem alten Weg folgt

und durch Wälder führt, wo die Buche vorherrscht. In dieser Gegend liegen die winzigen Maiensässe Servi, Tsacolet und Ermolaire unterhalb der Strasse, Madouc, Padouaire, Orpelin, Anière und Tsan-Perron oberhalb derselben. Perron nennen die Bewohner von Conthey die Feuerlilie, welche in diesen Felsen wächst. Jenseits von Madouc überwindet die Strasse in einem Tunnel die grosse Wand. Durch Felsenfenster kann man die enorme Tiefe des Tales bestaunen. Welch ein Relief! Obschon es wirklich ein schöner Durchgang ist, vermisst man dennoch den alten Weg; denn die Strasse erinnert einen zu sehr an die Ebene und an die Gegenden fortgeschrittener Zivilisation. Wohl bewundert man die Kraft der Sprengmittel und Steinbohrmaschinen, die Tüchtigkeit der Ingenieure und Arbeiter; aber der Weg zeugte so deutlich von den viel verdienstvolleren Bemühungen der Bergbewohner, ein Verbindungsmittel herzustellen, das ganz mit dieser wilden Natur in Einklang stand. Und dies haben sie bewerkstelligt ohne die heutigen Hilfsmittel.
Courtena liegt im Talgrund, am Fusse des Südhangs der Maiensässe von Montbas. Längs der Lizerne folgt man weiter der Strasse, und bei einer Abzweigung wendet man sich nach links. Der alte Weg wurde verbreitert bis zu einer Wasserableitung für ein Elektrizitätswerk. Von dort weg steigt er durch Blöcke empor. Bedeutende Quellen wurden gefasst, um die Dörfer Conthey, Vétroz und Ardon mit Wasser zu versorgen. Man geht um den Felssporn von Vérouet herum, dessen Wand eine grosse Falte aufweist, und erblickt den hübschen See von Derborence mit zerstreut liegenden Häuschen am Hang. Von Courtena kann man auch der Strasse folgen bis zum See. Eine Abzweigung führt nach Godey. Bei der Ankunft in *Derborence* fallen einem besonders die riesigen Felswände auf, welche ein ungeheures Amphitheater bilden. Die geologischen Schichten sind sehr gut erkennbar. Das weichere Gestein der Basis bestimmte die Bildung dieses Zirkus. Wer sich für die Geschichte der Alpen interessiert, kann hier viel Aufschlussreiches sehen. Ganz zuoberst erblickt man ein Stück des Gletschers der Diablerets, und alleinstehend erhebt sich am Rande des Abgrunds die Quille-du-Diable oder Tour-de-St-Martin.
Die Morphologie von Derborence berichtet von zwei grossen Bergstürzen. Derjenige im Jahre 1714 forderte 14 Menschenopfer, verschüttete etwa 50 Berghäuser und alles Vieh. Es wird erzählt, einem verschütteten Mann sei es gelungen, sich nach Monaten wieder zu befreien. Die Urkunden jener Zeit berichten jedoch nichts davon. Die Geschichte kam erst 1780 ans Licht und ist wohl nur eine Sage. Der zweite Bergsturz ereignete sich im Jahre 1749 und begrub 40 Berghäuser, doch die Menschen hatten mit

ihrem Vieh die Stätten verlassen. Die Ursache dieser Bergstürze ist bekannt: die Kalkfelsen weisen infolge der Bewegungen, die sie zur Zeit der Bildung der Alpen erfuhren, zahlreiche Spalten auf. Das Wasser sickert dort ein, gefriert, erweitert nach und nach die Risse, und die Felsmassen lösen sich.

Das Klima: Die Nord-Südlage des tiefsten Einschnittes von Derborence bewirkt zwei Arten von Klima: talabwärts das trockene und heisse des Mittelwallis, talaufwärts ein fast atlantisches, weil die feuchten Luftmassen von Westen her dort eindringen, besonders über den Pas-de-Cheville, und reiche Niederschläge verursachen, ungefähr 1200 mm pro Jahr. Die mittlere Temperatur beträgt etwa 6,8°.

Die Flora: Sie ist den beiden Arten des Klimas entsprechend. Im Tal unten trifft man Eichengebüsch und wohlriechende Fichten, während in den Bergen Weisstanne und Buche vorherrschen, Bäume des feuchten Klimas. Bald taucht die Lärche auf, die einen Hauch von Anmut und Zartheit in die Landschaft bringt, und Ahorne, Zitterpappeln und sogar Eiben vervollständigen die Reihe. An gewissen Stellen bemerkt man auf plattenförmigen Felsen unterhalb Vérouet winzige Bergföhren in Form von Sträuchern, die an die Zwergbäume erinnern, welche von den Japanern mit viel Geduld gezogen werden. In der zweiten Hälfte Oktober prangen Buchen, Lärchen und Ahorne in wunderbaren Farben.

Die Kräuterflora ist sehr reichhaltig, doch erlaubt der Umfang dieses Buches nicht, alle Pflanzen zu erwähnen. Wir führen nur einige Beispiele an: der starkduftende klebrige Augentrost, der in der Schweiz nur in Ardon, Erde und im Pfynwald und Umgebung vorkommt; der leuchtende Goldregenbaum, der zur Verminderung der Verdunstung blattlos ist; der Frauenschuh; der hohe Rittersporn am Eingang des Tales von Darbon; die sehenswerte Orchidee ohne Blattgrün in moosigen Gehölzen; eine Knoblauchart, Gras mit neun Hemden genannt; das Tollkraut (Belladonna) usw.

Besonders interessant ist die *Tierwelt.* Im Jahre 1911, gleichzeitig wie auf waadtländischem Gebiet, wurde in Derborence ein eidgenössischer Freibezirk geschaffen. Auf einer Bodenfläche von 152 km^2 sind die Tiere geschützt. Etwa 700 Gemsen leben dort in günstigen Verhältnissen, und man kann ihre Lebensart und ihre Gewohnheiten leicht beobachten. 1959 wurde eine Kolonie Steinböcke von Fionnay ausgesetzt, 4 Männchen und 3 Weibchen. Das eine Weibchen ist eingegangen, und wo die beiden andern sind, weiss man nicht. Die Männchen wechselten Richtung Mont-Gond bis zur Crêta-Besse oberhalb Savièse hinüber, wahrscheinlich weil die Gruppe nicht zahlreich genug war. Die Rehe nehmen langsam zu; Murmeltiere gibt es in Mengen, besonders in Dorbon und Cheville. Die Dachse wagen sich von Servaplana bis nach Aven hinab, um Birnen und Trauben zu suchen. Bis auf 2800 m hinauf kommen die Füchse zahlreich vor, und Marder, Hausmarder, Iltis, Hermelin und Wiesel behaupten sich. Der Königsadler nistet jedes Jahr, und wir konnten einen Uhu beobachten, der am hellen Tage auf ein Murmeltier Jagd machte. Trotz des gänzlichen Schutzes finden sich aber die kleinen Auerhähne, Schnee- und Birkhühner nur in geringer Zahl. Oft tönt das Hämmern des Schwarzspechts von den hohen Felsen der Ceinture-Blanche herab. Von 1300 m an kommt in Mottelon der schwarze Salamander häufig vor, der bis in die Alpweiden hinauf in seiner hübschen emporgerichteten Beobachtungsstellung zu sehen ist. Auch die Natter ist häufig anzutreffen; sie wurde sogar auf 2800 m, am Fusse der Quille-du-Diable festgestellt. Oft erblickt man auch ihre kupferfarbene Verwandte.

Wir setzen unsere prächtige Tour fort und steigen vom See nordwärts an. Bei den letzten Hütten findet man den markierten Weg, der angenehm durch die Lärchen emporführt. Mitte Juni steht eingangs des Tälchens von Cheville eine Menge weisser Berganemonen in Blüte, und wunderbar rieselt das Licht durch das zarte Grün der einzelstehenden Lärchen. Diese verschwinden nach dem Berghaus von *Penés* auf 1660 m. Von der Hütte von Cheville aus führt der Weg über einen Steilhang zum *Pas-de-Cheville* empor, wo man einen schönen Blick auf den Kessel von Derborence und fernhin auf die Südalpen geniesst. Man steigt über die Weide von *Anzeinde* hinunter. Die Häuser stehen in Gruppen, und es gibt Gasthäuser mit Unterkunftsmöglichkeit. Links steht eine Hütte, die dem Skiklub der Sektion Diablerets des SAC gehört. Sie ist von jeder Seite her erreichbar, hat jedoch keinen Hüttenwart, und man muss sich den Schlüssel beschaffen.

Die Hüttengruppe *Solalex* (= sous les rochers = unter den Felsen) liegt auf einer Schwemmlandebene am Fusse der schwindligen Wände der Argentine. Eine Strasse führt nach *Gryon,* und von dort kehrt man mit der Bahn zurück.

Nebenroute (markiert)

a) *Ardon–Motelon* (3 Std. 15 Min.)

Von *Ardon* aus kann man auch an der rechten Talseite nach Derborence hinaufsteigen. Ein Saumweg führt zu den Maiensässen von *Isières,* durch die Schlucht der Tine und über Grand-Dzeu, Aveine und Motelon, wo er in den Weg von Conthey her einmündet.

Abzweigung

b) *Aven–Bisse von Tsandra–Mayens-de-Conthey–Grand-Dzou*
(3 Std. 30 Min.)

Route	Höhe in m	Hinweg	Rückweg
Aven	931	–	3 Std. 15 Min.
Bisse von Tsandra	1052	30 Min.	2 Std. 45 Min.
Mayens-de-Conthey	1381	1 Std. 30 Min.	2 Std.
Grand-Dzou	1432	3 Std. 30 Min.	–

Vom Dorfe *Aven* steigt man an sanftem Hang zum Ende der *Bisse von Tsandra* empor und folgt ihr durch den Wald zu den *Mayens-de-Conthey*. Von dort gelangt man über Nedon–La Dare–Toules–Le Seudey nach *Grand-Dzou* (Restaurant).

Die Bisse von Tsandra wird schon im Mittelalter erwähnt. Sie führt das Wasser der Morge an die Hänge von Conthey. Die Dörfer Aven, Erde und Daillon sind Besitzer und teilen sich in die ursprünglichen Wasserrechte. Am 21. Mai 1860 beschloss der Staatsrat des Kantons Wallis, die Bisse von Tsandra zu vergrössern, um die doppelte Wassermenge zu ermöglichen, die sie heute noch führt. Die Arbeiten sollten von der Ortschaft Premploz ausgeführt und die Wasserrechte gleichmässig auf die vier Dörfer verteilt werden. Am 12. Mai 1862 war das Werk vollendet.

Der geschützte Wald von Derborence

Dieser Wald liegt südlich des Sees von Derborence unter den Felsen des Vérouet und zieht sich an einem Hang hin, der unter dem Namen Ecorcha bekannt ist. Am 26. April 1959 verkaufte die Bürgerschaft von Conthey diesen Besitz von etwa 50 ha dem Schweizerischen Bund für Naturschutz um die Summe von 100 000 Franken.

Dass sich dieser hohe Betrag rechtfertigt, ersieht man aus dem Bericht der Forstabteilung des Polytechnikums. Das Reservat wurde in 8 Abschnitte eingeteilt. Die obern, 1 bis 4, umfassen den ursprünglichen Wald, der sich auf 1445 bis 1625 m an einem nach Nord/Nordwest gelegenen Hang von 45° Neigung hinzieht. Der Boden besteht aus Geröll der verwitterten Flysch- und Kalkfelsen von Vérouet. Der Wald setzt sich hauptsächlich aus Rot- und Weisstannen und einigen Lärchen zusammen, und man findet im ganzen 71 Bäume von mehr als einem Meter Durchmesser. Die dicksten

Tannenstämme weisen bei Rottannen einen Durchmesser in Brusthöhe von 154 bis 162 cm und eine Höhe von 41 bis 44 m auf, bei Weisstannen einen Durchmesser von 130 bis 152 cm und eine Höhe von 35 bis 43 m.
Die Bäume stehen sehr dicht beisammen und kämpfen um das Licht. Oft wird einer dieser Riesen durch Sturm oder Schneelasten entwurzelt, fällt auf seine Nachbarn und schafft eine kleine Lichtung, die jedoch bald wieder von jungen Bäumen ausgefüllt wird. Auf einem verfaulten Stamm von 110 cm Durchmesser und 12 m Länge, der 2 m über dem Boden aufliegt, zählte man etwa 300 junge Weisstännchen.
Die Abschnitte 7 und 8 sind infolge ihrer Lage gegen Südwesten von etwas mehr Lärchen bestanden. Die Einheimischen nennen dieses Gebiet Asseye, was bardeaux (Schindeln) bedeutet, weil die Schindeln zum Decken der Hütten von dort hergeholt wurden.
Der Wald in den Abschnitten 5 und 6 ist verhältnismässig jung. Er ist auf dem Bergsturzgebiet vom Jahre 1749 in einer Höhe zwischen 1405 und 1455 m gewachsen und weist nebst Weisstannen auch Lärchen, Bergkiefern, Rottannen, Espen und Birken auf.
Das Ergebnis einer Untersuchung lautet: ‹Diese verschiedenen, vollständig unberührten Abschnitte sind in der Schweiz, wenn nicht im ganzen Alpengebiet, einzigartig. Man trifft dort alle Musterstadien des Tannenwaldes im Urzustand, welche für die wissenschaftliche Forschung ein Beobachtungsobjekt von unschätzbarem und dauerndem Wert darstellen. Zudem sind in Gebieten, wo die Weisstanne vorherrscht, sonst nur noch in Bosnien, der Slowakei, in Montenegro und in den Karpaten ursprüngliche Wälder anzutreffen. In den Westalpen ist es der einzige dieser Art, und sein gänzlicher Schutz findet volle Berechtigung.›
Auch der schöne See von Derborence und seine Zugänge stehen unter Naturschutz, um das Eindringen der Menschen zu verhindern. Es sind Massnahmen vorgesehen, das Bauen an den Ufern und das Stationieren von Wagen in der Nähe nicht zu gestatten. Eine weitere Gefahr für den See bedeutet die Geschiebeablagerung der Wildbäche, und die Möglichkeit wird geprüft, diese Wasserläufe nach links abzuleiten, um den See, der wie ein Edelstein glänzt, zu erhalten.
Die Freunde der Natur werden glücklich sein, dass durch die Wasserfassung die Landschaft nicht verunstaltet worden ist. Es handelt sich nur um eine Ableitung in das Ausgleichsbecken im Felsen. Dank der Strasse ist Derborence als Ausgangspunkt für Wanderungen schnell zu erreichen (von Sitten 1 Std.).

Die Sagen von Derborence

Die Sagen von Derborence knüpfen sich zum grossen Teil an die Diablerets, welche die Gegend beherrscht. Zu jeder Zeit sind Felsen von der ungeheuren zerrissenen Kalkwand herabgestürzt, über welcher sich der Gletscher der Diablerets befindet, dessen Zunge bis zuoberst in den Kessel von Brûlé herunterreicht. Eisblöcke fallen herab, fügen sich wieder zusammen und bilden den kleinen Gletscher von Tschiffa. In früherer Zeit kannten die Bergbewohner die Ursachen dieser Fels- und Eisabstürze nicht. Das angerichtete Unheil wurde dem Teufel zugeschrieben, und deshalb gaben sie dem Berg den Namen Diablerets (diable = Teufel). Ebenso verhält es sich bei den Diablons in Zinal.

Mit diesem Thema in Verbindung gebracht wurde auch ein Turm zuoberst auf der Felswand, der den Namen Quille-du-Diable erhalten hat, was ‹gute Seelen› in Tour-de-St-Martin umwandelten. Es wird erzählt, die Teufel des Gletschers von Tsanfleuron hätten sich damit belustigt, Steine gegen diesen Turm zu werfen, und diejenigen, welche ihr Ziel verfehlten, seien nach Derborence hinuntergefallen.

Zur Zeit der grossen Bergstürze in den Jahren 1714 und 1749 wurde behauptet, es habe ein Kampf zwischen den Berner- und Walliserteufeln stattgefunden, und die letzteren seien geschlagen worden. 1714 stieg der Pfarrer von Ardon zwei Tage nach dem Bergsturz hinauf, um die Teufel zu beschwören. In einem Bericht an den Bischof F. J. Supersaxo erzählt er von einer Frau, die bis zum Hals in den Steintrümmern begraben war, so dass nur der Kopf herausragte. Ein Mann aus ihrer Nachbarschaft sei gerettet worden, weil er sich in einen Stall geworfen habe, der von einem Block geschützt war. Er sei der Frau zu Hilfe geeilt, habe sie aber nicht herausbringen können. Da habe er ihre Kleider auf den Achseln zerschnitten und sie so emporziehen können.

Ferner wird erzählt, ein Mann sei in einer Hütte, die von einem grossen Block geschützt war, unter den Felstrümmern am Leben geblieben und drei Monate später ans Tageslicht getreten. Er habe sich von Käse ernährt. – Dies ist kaum möglich, weil die Alpen damals kurz vorher verlassen, und die Käse direkt in die Dörfer gebracht worden waren. Zudem wäre es diesem Manne nicht möglich gewesen, sich einen Weg durch das Geröll zu graben. Wohin hätte er wohl die weggeschafften Steine bringen sollen? Es wäre ihm auch unmöglich gewesen, das Dorf Aven zu erreichen, weil zu dieser Jahreszeit die Couloirs mit Eis angefüllt sind. Die Urkunden aus jener Zeit berichten jedenfalls nichts davon. 1775 legte Blaikie, begleitet von Abraham Thomas, den Weg von Bex nach Derborence und Sitten zurück, erzählt aber nichts darüber. Der Dekan Bridel unternahm die gleiche Tour im Jahre 1786. Er beschreibt den Bergsturz von 1714 und führt die Aussagen von J. J. Scheuchzer an, die 1716 im ‹Bulletin de l'Académie des sciences› erschienen waren, so wie einen Brief des Pfarrers Constant von Bex an den Landvogt von Morges aus dem Jahre 1714. Ferner berichtet Bridel von einem Manne aus dem Dorfe Aven, der unter den Felstrümmern lebendig begraben wär, dem es jedoch gelungen sei, sich herauszuarbeiten und am Abend vor Weihnachten in sein Dorf zurückzukehren, wo er berichtete, er habe keine Angst gehabt und das Vertrauen nicht verloren. Gott habe ihn zu den Seinen zurückgesandt, damit er dort ein Zeuge und ein Beweis seiner Macht und Güte sei. – Dass er keine Angst hatte, ist nicht glaubwürdig. Man weiss, dass sich Bridel zur Zeit der Katastrophe von Mauvoisin im Jahre 1818 an Ort und Stelle begab, sehr genaue Erkundigungen einzog und die Namen der befragten Personen angab. Bei diesen Geretteten von Derborence aber ist er ungenau, und es ist wohl anzunehmen, dass es sich um eine Sage handelt, die etwa 70 Jahre nach dem Ereignis entstanden ist, vielleicht in Verbindung mit jenem Mann, der sich in einen Stall flüchtete und gerettet wurde, jedoch ohne verschüttet gewesen zu sein.

In einer Broschüre über die Geschichte der Katastrophe von Derborence führt L. Spiro noch andere Sagen an: Vor dem Bergsturz im Jahre 1714 hatten die Gemsen die Höhen von Cheville verlassen und sich in die Tälchen von Châtillon und Derbon zurückgezogen. Auch die Murmeltiere hatten ihre Höhlen im Stich gelassen und andere Orte aufgesucht. Ein Adlerpaar war von der Felswand geflüchtet, um sich in den Ravines-Noires niederzulassen. Vor allem aber war den Bergbewohnern aufgefallen, dass sich drei grosse Raben in der Gegend aufhielten, die, wie behauptet wurde, den Geruch des Fleisches wahrnahmen. Zu jener Zeit glaubte man noch an die Vorahnung gewisser Tiere; heute aber weiss man, dass dies nur eine Sage ist. Eine Sage ist sicher auch die Geschichte der fünf Berner, die zur Zeit des Bergsturzes im Jahre 1749 in der Schlucht der Lizerne holzten und nicht auf den Rat der fliehenden Walliser hörten, unter dem Vorwand, sie hätten von den bernischen Teufeln nichts zu fürchten, wonach sie unter der Steinflut verschwanden. Es ist aber unwahrscheinlich, dass die Bewohner von Conthey Berner anstellten, um ihre Berghütten zu bauen.

12 Derborence–Vérouet–La Chaux

Route	Höhe in m	Hinweg	Rückweg
Derborence	1513	–	1 Std. 20 Min.
Vérouet (Grenier)	1849	1 Std. 30 Min.	20 Min.
La Chaux	2047	2 Std. 15 Min.	–

Diese Wanderung bietet Gelegenheit, das interessante Waldreservat von Derborence zu durchstreifen.
Vom Ende der Strasse nach *Liapey* steigt man zum untern Teil des Sees hinab und kann beobachten, wie durch die Anschwemmung seine Breite abgenommen hat. Auf kleinen Brücken zwischen Blöcken quert man die Derbonne, welche diese Aufschüttung verursacht, und mündet in den alten Weg. Dort hat man die Abschnitte 5 und 6 des Waldes vor Augen, der seit 1749 auf diesem Teil des Bergsturzgebietes entstanden ist. Nun schlägt man den Weg ein, der durch die Abschnitte 1 bis 4 des Reservates zur Alp Vérouet emporführt. Schon vom Weg aus bekommt man einen Begriff von diesem Wald: ausgedehnte Rot- und Weisstannenbestände, eine Menge verwesende Pflanzen und moderndes Holz, woraus ein Reichtum an Humus entsteht, der das Wachstum der Vegetation fördert. Eigentlich sollte man den Wald abseits des Weges durchstreifen. Dies ist jedoch nicht gut möglich, weil die Bäume so dicht beieinander stehen. Es wird beabsichtigt, dort Pfade für die Besucher zu erstellen. Nach etwa hundert Metern gelangt man zu einem doppelten Lawinenzug, der den Wald von oben bis unten durchschneidet, was ihm den Namen *Ecorcha* (écorché = wund) eingetragen hat. Der Weg verläuft fast ganz gerade bis zum Felsen, der sehr schöne, lange, parallele Einschnitte chemischer Erosion aufweist. Dort überwindet der Weg die grosse Wand, indem er geschickt die Rinnen benützt, und man stösst in der Nähe des Käsekellers *Grenier* (1849 m) auf den Grat der kleinen Alp *Vérouet* hinaus. Man kann noch bis zur kleinen Hütte von *La Chaux* emporsteigen (2047 m). Die Aussicht, die man von Vérouet geniesst, ist so schön, dass sich die Anstrengung des Aufstiegs lohnt. Man steht über dem Kessel von Derborence und überblickt das ganze Tal. Flussaufwärts zieht sich die für die kalkhaltigen Hochalpen typische Kette schmaler Grate und Gipfel von Mont-à-Cavouère, Mont-à-Perron und Haut-de-Cry (2969 m) hin. Jenseits des Rhonetals schimmern die Walliser Südalpen.
Beim Abstieg sollte man vorsichtigerweise nicht dem auf der Landeskarte angegebenen Pfad folgen. Er steigt noch etwa 100 m an und führt hernach

über einen äusserst steilen Hang und durch Felsen ins Tälchen von Derbon hinab. Es ist besser, auf dem gleichen Weg zurückzukehren. Wenn man bei den Lawinenzügen angekommen ist, kann man links abbiegen und die Abschnitte 7 und 8 des Reservates durchstreifen. Nachdem man die Derbonne überquert hat, was jedoch zur Zeit der Schneeschmelze nicht möglich ist, mündet man in den Weg nach Derborence ein.

13 Derborence–La Lui–Godey

Route	Höhe in m	Hinweg	Rückweg
Derborence	1513	–	3 Std. 20 Min.
La Lui	1500	1 Std. 30 Min.	1 Std. 40 Min.
Godey	1363	2 Std.	40 Min.
Derborence	1513	2 Std. 40 Min.	–

Mühelose Wanderung mit geringen Höhenunterschieden. Sie ist günstig, um verschiedene Maiensässe kennen zu lernen, die von den Bergstürzen nicht betroffen worden sind.
Am Ende der Strasse nach *Liapey* steigt man auf den Schwemmkegel des Wildbachs Printses hinauf. Nach ungefähr 600 m muss man eine kleine Pfadspur suchen, die sich nach rechts durch das Bergsturzgebiet zieht, das man auf seiner ganzen Länge überschreitet. Es ist der Pfad der Pierres-Montées, nach den kleinen ‹Steinmännchen› benannt, die als Markierung auf Felsblöcken errichtet worden sind. Die Organe der Walliser Wanderwege haben dort rot-weisse Rhomben angebracht. Man erreicht die Maiensässe von *La Combe*. Etwas weiter oben liegt La Tour, und darüber dehnt sich der Hang der Alp Vozé mit Gipspyramiden. Von La Combe zieht sich ein Pfad ebenhin nach le Creux-du-Brûlé, wo der Wildbach Pessot fliesst. Man steht dort am Fusse der Tchiffa, dem riesigen, sehr regelmässigen, halbkreisförmigen Amphiteater mit seinen 2 km langen Felswänden, die von Kaminen und Runsen durchfurcht sind. Die geologischen Schichten unterscheiden sich deutlich, dank ihrer Farben und verschiedenen Erosionsformen. Eine schroffe jurakalkhaltige Wand taucht aus dem Geröll und der Bergsturzmasse des Grundes auf, darüber wechseln schiefer- und kalkhaltige Schichten miteinander ab, und mitten drin befindet sich der kleine Gletscher von La Tchiffa, der sich aus abgestürzten Eismassen des Glet-

schers der Diablerets bildet, welcher über der Wand sichtbar ist. Die Felswand schliesst mit einer dünnen Schicht quarzhaltigen Gesteins, woraus die Quille-du-Diable oder Tour-de-St-Martin besteht. Oft lösen sich Teile des Gletschers von Tchiffa und poltern, die Wälder beschädigend, in den Grund des Kessels hinunter.

Im Winter 1949/50 stürzte der ganze Gletscher von Tchiffa bis zuunterst in den Kessel hinab. Der Luftdruck war so heftig, dass grosse Waldstücke vernichtet wurden. Abgestorbene, in der Windrichtung niedergelegte Bäume zeugen davon. Der Pfad quert den Pessot und führt durch Legföhren, hernach durch Weisstannenwald weiter, wo man Rehe erblicken kann. Auch wächst dort in Menge der stinkende Hainlattich (Aposeris foetida), eine Pflanze mit gelben Blüten und dreieckigen Blättern. Man stösst mitten auf den schönen Grashang von *La Lui* hinaus, wo etwa zwanzig Berghäuschen stehen.

Ein guter Weg leitet nach Godey hinunter. Man könnte versucht sein, dem Weg nach dem Sanetsch bis nach Lizerne-de-la-Mare weiter zu folgen, um über Montbas-Dessus und Godey zurückzukehren. Aber es besteht keine Brücke über den Fluss, und er kann nur im Frühling überschritten werden, so lange die Lawinenreste Übergänge bilden, deren Festigkeit jedoch immer gut geprüft werden muss, bevor man sich ihnen anvertraut. Der Name *Godey* bezieht sich auf eine kleine Gruppe von Maiensässgebäuden und ein Gasthaus mit Unterkunftsmöglichkeit. Es liegt in der Nähe der Lizerne, am Fusse des Maiensässhanges von La Lui (1363 m). Drei andere Berghäuser stehen nördlich beim Wald. Auch eine Kapelle, dem Nationalheiligen Niklaus von Flüe geweiht, wurde dort errichtet. Man steht dem schönen Maiensässhang von La Combe und La Tour sowie der Alp Vozé gegenüber. An einem klaren Tag erscheinen darüber die hohen Wände, überragt vom untersten Teil des Gletschers der Diablerets. Man kann dort alle Erosionsformen unterscheiden. Die Wildwasser Printses und Pessot bringen ihr reichliches Geschiebe und häufen zwei zusammenhängende Schuttkegel an. Man überblickt den bedeutendsten Teil der Bergstürze von 1714 und 1749.

Derborence. See, Gipfel der Diablerets ▷
mit den Trümmern der Bergstürze von
1714 und 1749. Von einer Lawine
geknickter Baum (Routen 11–13, 16)

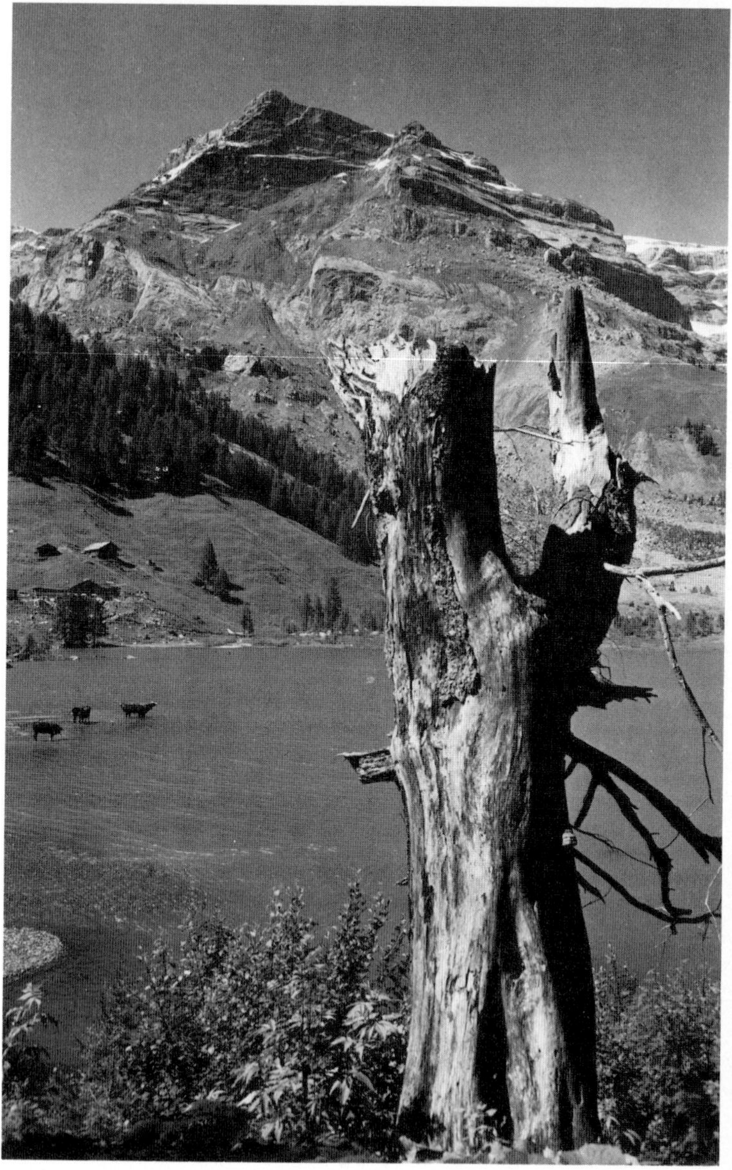

14 Godey–Sex-Riond–Erde

Route	Höhe in m	Hinweg	Rückweg
Godey	1363	–	6 Std. 30 Min.
Montbas-Dessus	1581	45 Min.	6 Std.
Pt. 2280	2280	3 Std. 45 Min.	4 Std. 20 Min.
Sex-Riond	2026	4 Std. 30 Min.	3 Std.
Erde	794	6 Std. 20 Min.	–

Diese Wanderung ist wenig bekannt und nur für erfahrene und geübte Bergsteiger. Doch ist anzunehmen, dass sich dank der neuen Strassenverhältnisse Liebhaber langer Märsche und Freunde von Derborence finden, welche dieser Pfad lockt, der sich hoch über dem Tal hinzieht, wo man die reizenden Maiensässe von Conthey bewundern kann.
Von *Godey* gelangt man der Strasse entlang nach *Montbas-Dessus*. Bei den ersten Berghäuschen wendet man sich nordwärts und durchstreift ebenen Weges einen Wald. Kurz bevor man den Bergbach erreicht, zweigt man auf einen Pfad nach rechts ab, der auf die kleine, von Felsen umgebene Terrasse von *Cindo* emporführt. Man ist überrascht, dort eine Hütte zu finden. Welch ein Adlerhorst! Von dort weg ist der Pfad nicht gut sichtbar und fehlt oft sogar. Er erklimmt felsige Steilhänge und Kamine, um Pt. 2280 zu erreichen. Dieser Aufstieg erfordert gute Kenntnisse im Fels und eine zweckmässige Ausrüstung, da man es nicht mit einem gewöhnlichen Wanderweg zu tun hat. Nun steigt man leicht abwärts über die weite Fläche von la *Chaux-de-Lodze* und der Alp Lodze bis nach *Sex-Riond*. Wunderbares Panorama des Rhonetals. Im Vordergrund liegen die Maiensässe von Conthey, eine ausgedehnte Hochebene mit sanften grünen Hängen, von Lärchen- und Weisstannengruppen unterbrochen. Besonders aber wird der Blick von den kleinen weissgekalkten Steingebäuden gefesselt, die überall wie zufällig hingestreut sind, die Landschaft beleben und den Maiensässen von Conthey ein im Wallis einzigartiges Gepräge verleihen, da sie anderswo aus Holz sind. Diese Häuschen stellen ein ursprüngliches Stadium der Bergbauernwohnung dar. Sie enthalten einen kleinen, zur Hälfte im Boden eingelassenen Stall und darüber einen Raum, der zugleich als Küche und Schlafstätte dient. Nur wenige weisen eine Stube auf, und weil sie selten bewohnt sind, ist die Einrichtung nur dürftig.
Oberhalb des Weges der Sex-Riond mit seiner typischen Abriss-Stelle. Beim Abstieg durch den Wald erblickt man eine Menge Blöcke, die von

einem vorgeschichtlichen Bergsturz herrühren. Die abgestürzte Masse ist bis 1500 m breit und 3500 m lang. Sie fiel bis zur Morge hinunter und bildete dort den grossen bewaldeten Höcker über Premploz. Unser Pfad erreicht die entzückende kleine Hochebene der Maiensässe von *Codo* auf dem Rücken des Bergsturzgebietes. Dort kann man die Bauart dieser Wohnstätten aus der Nähe betrachten. Von Codo wendet man sich entweder nach rechts über *Mérier* nach Aven oder *Premploz* oder man wählt den Weg nach links durch den Wald, wo der klebrige Augentrost, eine sehr seltene Pflanze, zu sehen ist.

Von *Erde* mit dem Postauto nach Sitten zurück.

15 Godey–Montbas-Dessus–Lizerne-de-la-Mare

Route	Höhe in m	Hinweg	Rückweg
Godey	1363	–	2 Std.
Montbas-Dessus	1581	1 Std. 15 Min.	1 Std. 20 Min.
Lizerne-de-la-Mare	1584	2 Std. 40 Min.	–

Von der Kapelle in *Godey* steigt man auf gutem Weg durch den Wald, der ganz unwirtschaftlich ausgebeutet worden ist. Überall verfaulen Reste von Brennholz, und oft sind Bäume 50 oder 60 cm über dem Boden abgesägt worden. Nach 45 Minuten stösst man auf eine schöne, mit Höckern bedeckte Hochfläche hinaus, die von hohen Felswänden überragt wird. Hier befindet sich eine Gruppe von etwa zwanzig Maiensässhäuschen, weiter oben eine andere mit etwa zehn Gebäuden. Es sind gewöhnliche Holzbauten, nur wenige sind aus Stein; ein paar davon werden bereits als Ferienhäuschen eingerichtet. Diese Landschaft ist prächtig, und es lohnt sich, bis auf den Gipfel des *Montbas-Dessus* (Pt. 1648,7) zu steigen. Mitte Juni ist das Blühen wunderbar, und zuoberst findet man sogar das niedrige Mannsschild (Androsace Chamaejasme). Umfassender Blick über den Kessel von Derborence und das ganze Tal. Am rechten Hang sieht man die kalkhaltigen Platten des Haut-de-Cry. Durch die Runsen wird der ganze Abhang zebraartig gestreift. Man erblickt die Dächer von drei kleinen Maiensässen und Servaplana mit 7 Hütten. Am linken Berghang sind die Felsen in Verwitterung begriffen, und es bilden sich langgestreckte Schuttkegel. Direkt darunter liegen die Maiensässe Montbas-Dessous mit 10 Hütten, als

Inselchen im Wald das Maiensäss Besson mit 7 Hütten und im Talgrunde die Maiensässe von Courtena mit 5 Hütten.
Diese schöne Wanderung kann noch fortgesetzt werden, indem man zuoberst auf der Hochfläche einem Weg folgt, der sich 5 km weit nordwärts hinzieht, grösstenteils durch Wald. Man gelangt zuunterst in den Kessel, wo die *Lizerne-de-la-Mare* fliesst. Strenge, wilde Gegend, unangetastet von den Menschen. Man findet dort schöne Plätze mit Maiglöckchen. Kurz vor dem Wildbach steigt ein Pfad nach rechts zum Maiensäss von Cindo empor, das wie ein Adlerhorst am Berge klebt. Auf dem gleichen Weg zurück nach *Godey*.

16 Derborence–Mié–Sanetsch

Route	Höhe in m	Hinweg	Rückweg
Derborence	1513	–	3 Std. 30 Min.
Viédaux	2036	2 Std. 30 Min.	1 Std. 40 Min.
Sanetsch	2047	4 Std. 15 Min.	–

Die Route ist markiert.

Ungefähr 600 m nördlich des Sees von Derborence muss man einen kleinen Pfad suchen, der über das Bergsturzgebiet zu den Hütten von *La Combe* leitet. Darüber am Hang erblickt man diejenigen von La Tour und Vozé mit Gipspyramiden. Indem man ebenhin weiterwandert, erreicht man die Hütten von *La Lui*. Nun steigt man in den Talhintergrund hinein, wo die Lizerne-de-la-Mare fliesst. Der wenig begangene Pfad wird schmal. Er führt über Fels, der mit Geröll bedeckt ist, und ein Pickel leistet gute Dienste, um eine Trittspur freizulegen. Alsdann setzt sich der Pfad über Grashänge mit einzelstehenden Lärchen fort und senkt sich bis zum Fluss hinunter. Man fragt sich, ob man wieder aus diesem Kessel herauskommen wird, der mit seinen hohen Wänden keinen Ausgang zu haben scheint. Und doch gibt es einen solchen, nämlich den ursprünglichen Weg, den Porteur-de-Bois oder Poteu-des-Etales. Vom Grunde des Tälchens, bei Pt. 1584, muss man einen sehr steilen Geröllhang erklimmen und sich nach etwa 100 m Anstieg nicht westwärts wenden (dieser Pfad führt nach Fenadze), sondern weiterhin ansteigen bis zu einem Couloir in der Wand, dem *Poteu-des-Etales,* das sich auf der Landeskarte genau über dem Buchstaben e des

Ovronnaz–Derborence 66

Wortes Poteu befindet. Man überwindet das Kamin, das weder schwindelerregend noch schwierig ist, und stösst auf eine rasenbewachsene Terrasse hinaus, ganz nahe der Hütte von *Viédaux*. Wenn man vom Sanetsch herkommt, muss man diese Hütte als Richtungspunkt anvisieren. Ein grosser rot-weisser Pfeil auf dem Felsen weist den Weg. Das Erklimmen dieses Kamins ist eine gute Orientierungsübung, darf aber nicht bei Nebel unternommen werden; zudem ist die Landeskarte erforderlich. Dieses Couloir ist infolge von Rutschungen schwierig geworden. Die Fortsetzung ist leicht. Man steigt in das Tälchen von *Mié* empor. Eine Hütte steht auf 2094 m, diejenige von *La Chaux* auf 2193 m, darüber befindet sich Pt. 2315. Hier sind die Markierungszeichen selten. Man könnte versucht sein, rechts nach Glarey abzusteigen. Man muss aber nach links auf die Karrenfelsen zuhalten und dann schräg rechts in Richtung des Hotels gehen. Der Abstieg von Pt. 2315 zum Sanetsch führt über ein Karrenfeld. Diese kalkhaltigen, hellen, nackten Felsen weisen viele Einschnitte auf, von den feinsten Fugen bis zu Spalten von mehr als einem Meter Tiefe. Regen und Schneeschmelzwasser lösen den Kalk auf. Die Karrenfelder von Tsanfleuron sind die ausgedehntesten und schönsten der Schweizer Alpen. Dieses Gebiet wurde beim Rückzug des Gletschers von Tsanfleuron blossgelegt. Man stösst auf die Sanetsch-Strasse hinaus, wo ein Hotel steht.
Von *Tsanfleuron* (Hotel) nach Sitten kann man das Postauto benützen. Zu Fuss 5 Std. (siehe Route 19).

Abzweigungen

a) *Mié–Croix-de-la-Cha–Etang-de-Trente-Pas–Flore–Codo*
(2 Std. 45 Min., Rückweg 3 Std. 30 Min.)
Wenn man von der Alp Mié oberhalb Derborence herkommt und nach dem Couloir Porteur-du-Bois nicht auf den Sanetsch emporsteigen will, sondern lieber über die Alpen von Conthey, Flore und Aïre wandert, kann man bei Pt. 2071 einen Pfad in südlicher Richtung einschlagen, der am Hang eine grosse Schlaufe zieht und nach *Croix-de-la-Cha* (2351 m) führt, wo man eine schöne Aussicht geniesst. Am andern Hang steigt der Weg zum See von *Trente-Pas* hinab und erreicht alsdann in südlicher Richtung die Alp *Flore*. 400 m unterhalb der Hütten dringt der Weg in den Wald ein und leitet zu den Maiensässen von *Codo*. Von dort nach Erde siehe Route 14.

b) *Sanetsch–Croix-de-la-Cha–Mayens-de-Conthey–Incron–Aven* (5 Std.)
Ein markierter Weg führt von Sanetsch über Mié, Croix-de-la-Cha und die Alp Flore auf die Maiensässe von Conthey.

400 m oberhalb des Hotels verlässt man die Strasse und wendet sich nach links durch die Karrenfelder der *Lapis-de-Tsanfleuron.* Man muss gut der Markierung folgen. Nach 2 km verlässt man das Tälchen von *Les Cloujons* nach links und wendet sich zwei Seelein bei Pt. 2313 zu. Man findet einen kleinen Pfad, der nach Chaux-de-Mié absteigt (2193 m). Von dort muss man nicht zum Chalet von Viédoux und Poteu-des-Etales gehen, sondern gegen *Mié* absteigen und einem Pfad folgen, der in einer langen Schlaufe nach *Croix-de-la-Cha* (2351 m) leitet, wo die Aussicht wunderbar ist. Nun steigt man zum Seelein von *Trente-Pas* (2196 m) hinunter, das in seiner grössten Ausdehnung 400 m misst. Der weitere Abstieg erfolgt in Richtung der Alphütten von *Flore* (1953 m) und *Aïre* (1913 m). Man erreicht die Waldgrenze. Durch die von Lawinen zerschnittenen Wälder hinunter gelangt man zuoberst auf die *Mayens-de-Conthey,* wo man die Bisse von Tsandra erreicht, die nach *Aven* leitet.

17 Derborence–La Forcla–SAC-Hütte Rambert

Route	Höhe in m	Hinweg	Rückweg
Derborence	1513	–	3 Std. 40 Min.
Six-Long	1901	1 Std. 30 Min.	2 Std. 40 Min.
La Forcla	2450	3 Std. 15 Min.	1 Std. 40 Min.
SAC-Hütte Rambert	2580	4 Std. 30 Min.	–

Die Route ist markiert.

Diese wenig bekannte Wanderung bietet viel Interessantes. Von *Derborence* wendet man sich nach Süden und folgt dem Saumweg im Tälchen von *Derbon.* Dort wo man sich dem Bach nähert, trifft man eine äusserst reichhaltige Flora.
Auf 1700 m hört der Wald auf, und man befindet sich ganz im Bereich der Lawinen. Dort wo der Talgrund etwas breiter wird, stehen einige kleine Hütten. Man entfernt sich ein wenig vom Wasserlauf und findet am rechten Talrand wieder einen kleinen Pfad, der auf die grosse Terrasse von *Six-Long* führt, dem Zentrum der Weide. Eine Hütte steht rechts des Baches und diejenige von La Chaux am linken Hang. 300 m südwestlich leitet ein Pfad wieder zum Fluss und führt alsdann auf die obere Stufe von *Pro-Fleuri* empor. Diese Folge von Stufen und Terrassen ist charakteristisch für

See von Derborence. Von Lawinen mitgerissenes Holz häuft sich am Ausfluss der Lizerne (Routen 11–13, 16)

die Gletschererosion. Von Pro-Fleuri weg besteht kein Pfad mehr; man folgt dem Talgrund. Die nackten Felsen nehmen zu, die Farben verschwinden, und dennoch mehren sich die kleinen, zwischen den Steinen versteckten Arten der Bodenflora. Wunderbares, sieghaftes Leben! Die Kalksteine sind von sehr verschiedenen Farbschattierungen, überall gefältelte Felsen, aufgerichtete und umgebogene Schichten, und allerorts ist die Einwirkung von Wasser und Frost deutlich sichtbar in Karrenfelsen, geschlossenen Becken und Trichtern. Auf dem *Col-de-la-Forcla* zeigen sich die verschiedenen Erosionsformen in besonderer Art. Dort ist auch das hübsche künstliche Seelein zu bewundern, das von der Gemeinde Chamoson erstellt wurde. Das Einzugsgebiet der Losentse weist keinen Gletscher auf und nur wenige Quellen. Deshalb geht die Wassermenge des Baches nach dem Schmelzen des Winterschnees so sehr zurück, dass sie für die Bewässerung nicht ausreicht. Man hat daran gedacht, aus dem Tälchen von Derbon Wasser herzuleiten. J. Venetz führt in seiner Schrift über die Temperaturschwankungen in den Schweizer Alpen 1821 aus, dass schon um 1800 eine Wasserfuhre aus Stein bestand, die das Wasser an den Hang von Chamoson leitete. 1872 wurde unterhalb des Gletschers eine Sperre gebaut, um den Stand des Wassers zu heben und es mittels einer gleichzeitig erstellten Leitung in das Quellbecken der Losentse zu führen. Es war sogar beabsichtigt, dieses Wasser in einer Mulde zu sammeln und durch einen Tunnel auf die Alp Chamosentse zu leiten. Da jedoch die Felsen zu durchlässig waren, musste auf dieses Projekt verzichtet werden.

Beim Aufstieg durch das Tälchen von Derbon können überall Gemsen beobachtet werden: auf den Grasbändern des Mont-à-Cavouère, an der Tête-Tsernou und am Fusse der Tête-à-Pierre-Grept. Als ich dieses Tälchen durchschritt, stieg ein Rudel von etwa 50 Gemsen über das von der prallen Sonne beschienene Geröll empor, um am gegenüberliegenden Hang Schatten zu suchen. Ein prächtiger Anblick!

Vom Col-de-la-Forcla schweift der Blick vor allem über das tiefe Rhonetal und das blendende Weiss des Grand-Combin. Man kann nach rechts hin (nordwärts) um die Dent-de-Chamosentse herumgehen und auf der Rhonetalseite dem Hang entlang die *SAC-Hütte Rambert* erreichen. Für den Abstieg nach Les Plans oder Ovronnaz–Riddes siehe Route 9. Kürzer ist es, vom Pass auf die Alpen Chamosentse und Loutse und durch den Wald auf die Maiensässe von Chamoson oder Ovronnaz abzusteigen (2 Std.), um das Postauto nach Leytron–Riddes zu benützen. Dieser Abstieg ist etwas mühsam aber sehr interessant.

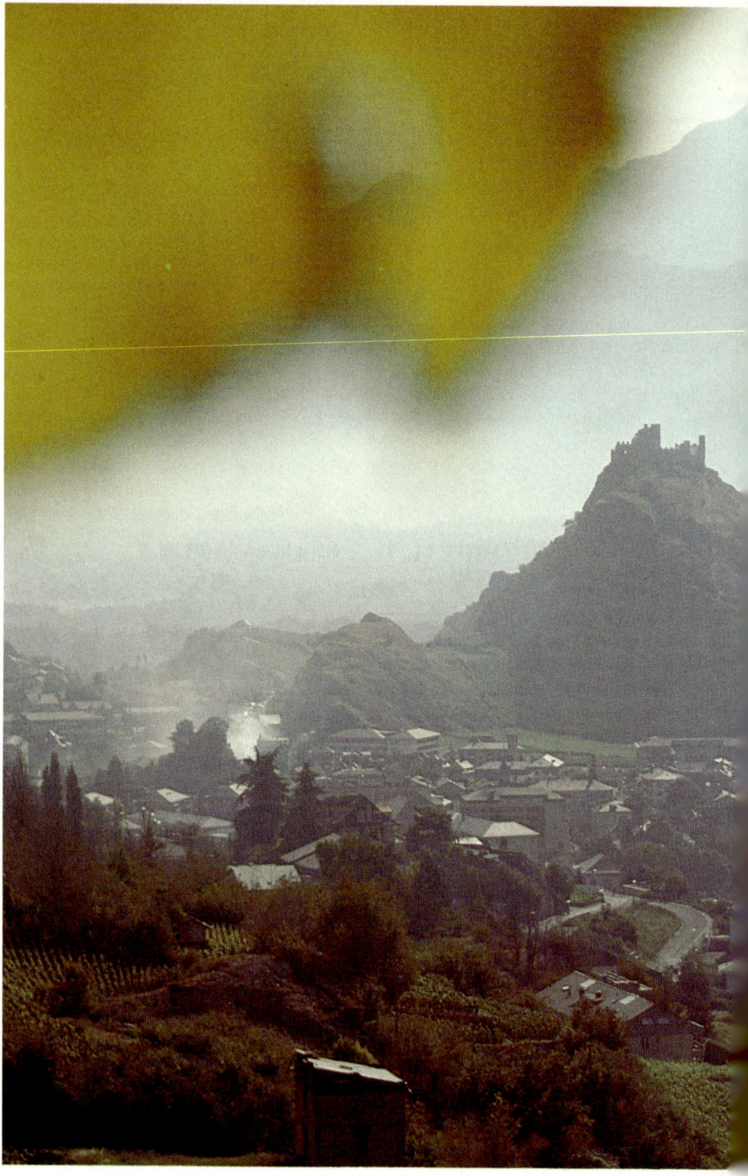

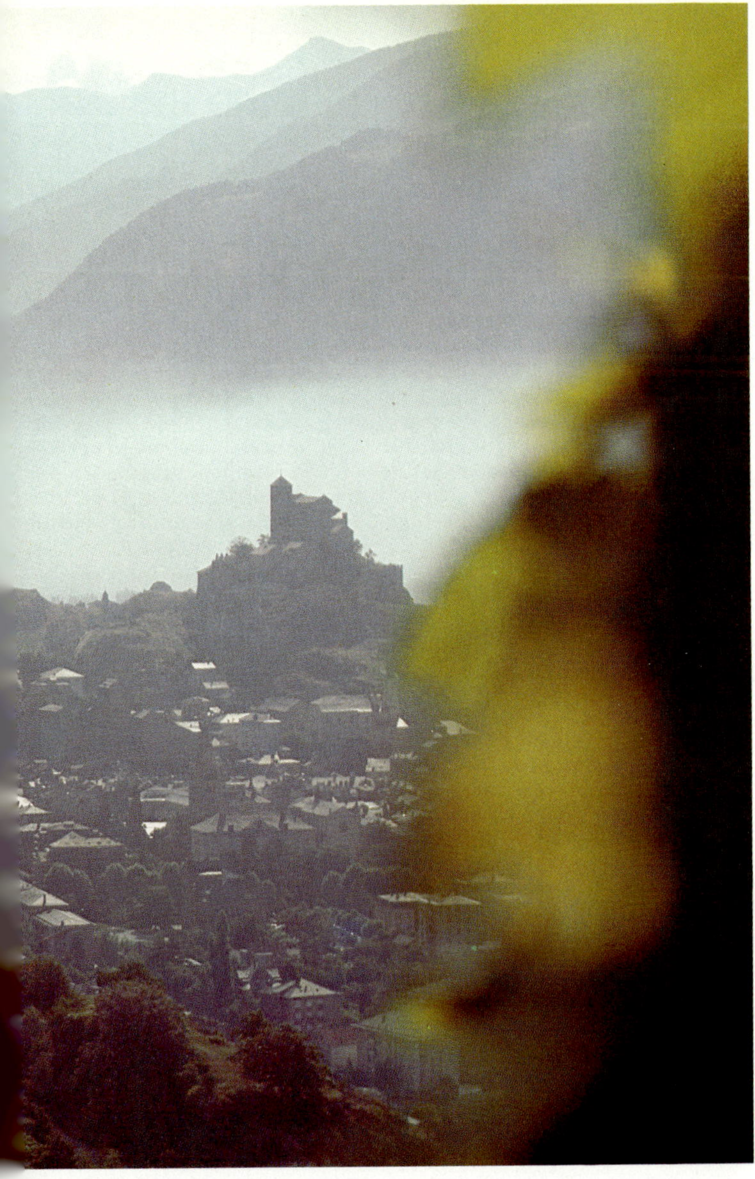

Sitten-Nord

Karte 3

Sitten

Die Eigenart der Landschaft von Sitten und seiner Umgebung von der Morge bis nach Siders ist von der Geologie geprägt. Das Gestein dieser Zone wurde unter dem Namen Glanzschiefer eingereiht, weil es sich in einer Richtung spalten lässt und glänzende Glimmerteilchen aufweist. Man erblickt eine Menge Moränenmaterial mit kalkhaltigen Felstrümmern, die aus dem Gebiet südlich Montana stammen und Kristallingestein aus dem Oberwallis. Die Landschaft wurde von den Gletschern geformt. Man unterscheidet das Stadium der grossen Eiszeit, als zahlreiche Terrassen gebildet wurden: Montana, Maiensässe von Tsou ob Savièse und weiter unten diejenigen von Lens, Grimisuat, ferner Champlan-Molignon-Savièse, les Planisses, Chelin, Condémines, Chermignon-d'en-Bas und Corin. Während der letzten Periode der Eiszeit verlieh der sehr schmal gewordene Rhonegletscher dem Tal sein heutiges Profil als engeres Trogtal. Er reichte 200 m über die Talsohle hinauf. Beim Zusammenfliessen der Seitengletscher wurden Zonen mit weniger starker Erosion geschaffen. So sucht man das Bestehen der Hügel von Valère und Tourbillon, Mont-d'Orge und Maladaires zu erklären, die einen wahren Riegel durch das Rhonetal bilden. Der Hügel von Valère besteht aus sehr hartem Quarzstein, die andern weisen weicheres Gestein auf.

Die Vegetation der Umgebung besitzt den Charakter des Mittelwallis. Die Schwemmlandebene ist gut angebaut, und am Hang dehnen sich Weinberge. Die Flora der wilden Gegenden und felsigen Gebiete, die ziemlich ausgedehnt sind, da auf den Hügeln nicht bewässert werden kann, ist der Trockenheit und Hitze angepasst.

Im frühesten Frühling blüht der Mandelbaum und verleiht der Gegend von Mont-d'Orge eine Frische und Anmut sondergleichen.

Die Tierwelt weist südliche Arten auf: grüne Eidechse, Aeskulapnatter, Gottesanbeterin, Grille, und auf dem Hügel Maladaires sogar den italienischen Skorpion. Sehr häufig sind Nachtigall, Steinamsel und ganze Kolonien von Steinhühnern. Im Winter fliegen die Alpendohlen am Morgen in grosser Zahl von den Bergen gegen die Stadt Sitten hinunter, um Nahrung zu suchen. Im Verlaufe des Nachmittags kehren sie wieder in die Felsen von Prabé, ins Tal der Sionne oder nach Derborence zurück, um dort die Nacht

◁ Über der Stadt Sitten dominieren die beiden Hügel mit der Burgruine Tourbillon (links) und der Kirche von Valère (Route 25)

zu verbringen. Am See von Mont-d'Orge findet man den Krebs und die Ringelnatter.
Die Gegend von Sitten war schon in vorhistorischer Zeit besiedelt. Zwischen den beiden Hügeln wurden Gräber und neolithische Gegenstände aus Bronze und Eisen gefunden. In der Mitte des 1. Jh. vor Chr. stiessen die Römer dort auf eine keltische Siedlung. Das Christentum breitete sich in dieser Gegend vom Ende des 4. Jh. an aus. Zwischen 565 und 585 wurde Sitten Bischofssitz, dem Rudolf III., König von Burgund, 999 die ganze Grafschaft Wallis schenkte. Auf den zur Verteidigung günstigen Hügeln wurden Schlösser und Kirchen gebaut, während sich die Bevölkerung zwischen den zwei Hügeln und später auch auf dem Schuttkegel der Sionne ansiedelte. Die alte Stadt war von Ringmauern und Türmen umgeben, die 1830 leider ohne triftigen Grund der Zerstörung anheimfielen. Man unterscheidet die alte Stadt mit den dichtgedrängten Häusern noch gut von der neuen, die in voller Entwicklung begriffen ist (22 877 Einwohner). Sie breitet sich nach allen Seiten aus und beginnt auf die Weinberge überzugreifen. Das sonnige, nebelfreie Klima wird sehr geschätzt. Der Umfang dieses Wanderbuches erlaubt nicht, alle interessanten Gebäude anzuführen. Wir nennen die Kirche von Valère, die von 1100–1267 erbaut wurde; das 1049 erwähnte Schloss Valère, Residenz der Stiftsherren, das die archäologischen und ethnographischen Sammlungen verwahrt; das Schloss Tourbillon aus dem Ende des 13. Jh., 1788 abgebrannt; die Allerheiligen-Kapelle von 1325; das Schloss Majorie aus dem Anfang des 13. Jh., in dem das Kunstmuseum untergebracht ist; das Rathaus von 1660 mit der Uhr, die den Lauf der Sonne und des Mondes, die 12 Tierkreise, die Mondphasen und die 7 Planeten zeigt (nähere Einzelheiten siehe A. Donnet: Kunstführer des Wallis).
Sitten ist ein sehr günstiger Ausgangspunkt für Wanderungen. Zahlreiche Postautokurse führen nach allen Richtungen in die höher gelegenen Gebiete, von wo aus man viele Touren unternehmen kann. Wir beschreiben deren etwa zwölf auf der rechten Talseite der Rhone. Die Routen der linken Talseite sind im Wanderbuch Eringertal–Eifischtal beschrieben.

Das Rathaus in Sitten (1657–1665), mit ▷
astronomischer Uhr
(Routen 19, 20, 23–25)

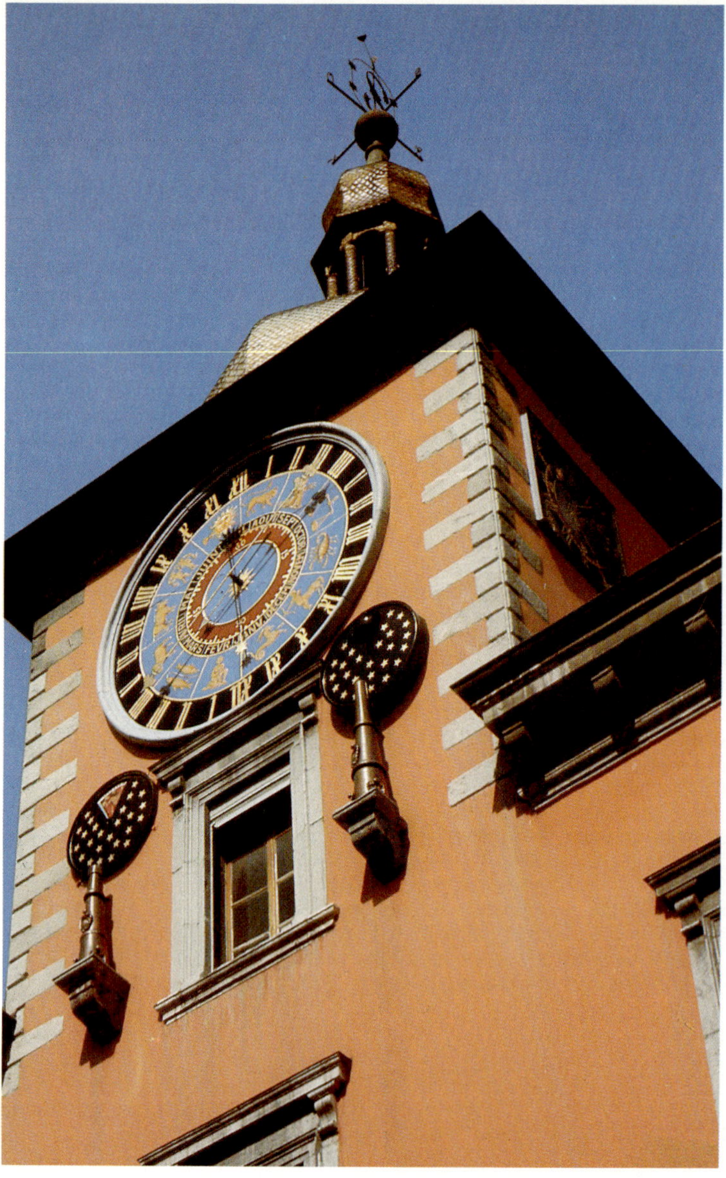

18 Pont-de-la-Morge–Mayens-de-Conthey–Pont-de-la-Morge

Route	Höhe in m	Hinweg	Rückweg
Pont-de-la-Morge	502	–	5 Std. 30 Min.
Daillon	963	1 Std. 20 Min.	4 Std. 30 Min.
Mayens-de-Conthey	1219	2 Std.	4 Std.
Mayens-de-My	1340	3 Std. 15 Min.	2 Std. 50 Min.
Daillon	963	4 Std. 30 Min.	1 Std. 20 Min.
Pont-de-la-Morge	502	5 Std. 30 Min.	–

Pont-de-la-Morge erreicht man der Kantonsstrasse entlang. Man kann auch die Eisenbahn bis zur Haltestelle Châteauneuf oder das Postauto Sitten–Conthey bis Daillon benützen.
Die ganze Wanderung führt über Gebiet der Gemeinde *Conthey,* die von der Rhone bis auf die Höhe der Berner Alpen reicht und 4828 Einwohner zählt (1980). Conthey ist der Mittelpunkt und dazu gehören Plan-Conthey, Place, Bourg, St-Séverin, Sensine, Erde, Premploz, Aven und Daillon.
Wenn man das Dorf Pont-de-la-Morge verlässt, folgt man der Strasse am rechten Ufer des Flusses. Das Dorf *Bourg* hatte zur Zeit der Herzöge von Savoyen grosse Bedeutung. Da es an der Grenze ihrer Besitzungen lag, hatten sie es befestigt und 1258 dort ein Schloss gebaut. Nach dem Siege des bischöflichen Wallis 1475 wurde alles zerstört, und es blieben nur noch Ruinen. St. Georg-Kapelle aus dem 17. Jh. Etwas weiter oben das Dorf *St-Séverin,* dessen Kirche 1845 vergrössert wurde. Kurz vor diesem Dorfe schlägt man die Strasse Richtung *Sensine* ein. St. Johannes-Kapelle von 1811. Ein wenig höher oben verlässt man die Strasse und zweigt nach rechts auf einen Weg ab, der nordostwärts durch Reben und Wiesen emporführt. 600 m weit ist der Boden höckerig und weist auf einen vorgeschichtlichen Bergsturz hin. Die Felsmassen lösten sich vom Sex-Riond und stürzten bis zur Morge hinunter. Der grosse bewaldete Höcker oberhalb Erde-Premploz, der eine Breite von 1500 m aufweist, wurde von diesem Bergsturz gebildet. *Daillon* setzt sich aus drei Häusergruppen zusammen. Man wählt den Weg, der oberhalb La Fontaine durch die Matten aufsteigt. Auf einem kleinen Hügel (1219 m) etwas unterhalb der Bisse von Tsandra halten wir an. Wir befinden uns in der Mitte der *Mayens-de-Conthey.* Ausgedehntes Wiesland an sanftem Hang, überragt von Wäldern, die bis zu den Alpen von Aïre und Flore hinaufreichen. Diese Maiensässe werden

nur einige Wochen im Mai/Juni und September/Oktober bewohnt. Um Holz zu sparen, baute man diese Häuschen aus Stein. Sie enthalten einen kleinen Stall und darüber einen oft fensterlosen Raum, der bis unter das Dach hinaufreicht und zum Feuern und Schlafen dient. Heute wird dort manchmal noch eine Stube und eine Küche eingerichtet. Man überblickt den grössten Teil des Gebietes von Conthey mit den äusserst gut gelegenen fruchtbaren Feldern, Wiesen und dem Weinberg. Man begreift, dass diese Gegend schon in der Bronzezeit besiedelt war, was zahlreiche Funde beweisen. Gegen Ende des 19. Jh. entdeckte man beim Anpflanzen von Reben viele Gräber, die aber zerstört wurden. Eine Menge Gegenstände sind verschleppt worden, und nur einige Stücke kamen zur Aufbewahrung in Museen. Diese ersten Bewohner stiegen schon bis nach Planpra (1200 m) oberhalb Daillon hinauf, wo ebenfalls zahlreiche Gräber gefunden und vernichtet wurden. Es ist bedauerlich, dass im Wallis kein Sachkundiger die Bevölkerung auf die historische Bedeutung dieser Grabstätten und Gegenstände aufmerksam machte. So wäre man viel besser unterrichtet über die Geschichte der ersten Bewohner unseres Landes. In der Ferne das Rhonetal und die schimmernden Gipfel; besonders die Dent-Blanche fesselt den Blick. Man kann es kaum verstehen, dass solch prächtige und interessante Gegenden die Touristen nicht anzogen.

Wir folgen der bedeutenden Bisse von Tsandra, die das ganze Gebiet von Conthey bewässert. Nach 1500 m betritt man das bewaldete tiefe Tal der Rogne. Dieser Wald, der Schindeln lieferte, war in Bourg für den Unterhalt der Wasserleitung bestimmt, die bis 1563 aus Holzkännlen bestand. Man stösst auf die schönen Mayens-de-My hinaus und erblickt auch hier wieder Häuschen gleicher Bauart in lieblicher Landschaft. Darüber dehnt sich Grand-Jeur, ein ausgedehnter Wald, der während Jahrhunderten das Streitobjekt zwischen Conthey und Savièse darstellte. Von 1481 an war er Gesamtbesitz, und 1883 wurde er nach einem langen Rechtshandel unter die beiden Gemeinden verteilt. Ein Pfad wendet sich nordwärts und leitet nach Coppet, wo die Sanetsch-Strasse durchführt. Die Strasse nach links steigt nach Savièse und Sitten hinab. Wir folgen dem Weg nach rechts, der nach Daillon hinunterführt. Während man den tiefen Einschnitt der Rogne quert, kann man in den Felsen unterhalb des Weges Feuerlilien bewundern.

In *Daillon* mündet man wieder in den Weg des Aufstiegs ein.

Im Gebiet des Sanetschpasses
(Routen 19, 20, 23–25)

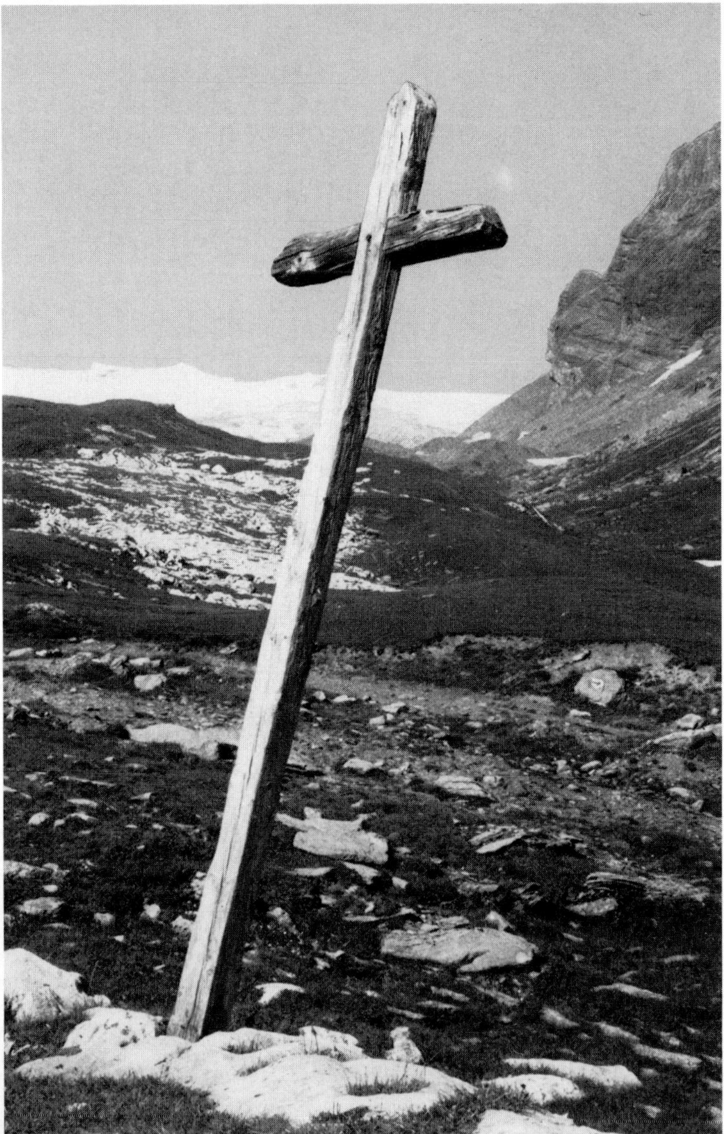

19 Sitten–Sanetsch–Gsteig

Route	Höhe in m	Hinweg	Rückweg
Sitten/Bf.	491	–	9 Std. 20 Min.
St-Germain (Savièse)	820	1 Std. 15 Min.	8 Std. 20 Min.
Chandolin	818	2 Std.	7 Std. 45 Min.
Pont-du-Diable	905	2 Std. 45 Min.	7 Std.
Glarey	1547	4 Std. 45 Min.	5 Std. 30 Min.
Tsanfleuron (Hotel)	2047	6 Std. 30 Min.	4 Std. 30 Min.
Sanetschpass	2251	7 Std. 10 Min.	4 Std.
Kantonsgrenze	2002	8 Std.	3 Std.
Saanenschuss	1478	9 Std. 30 Min.	45 Min.
Gsteig	1184	10 Std.	–

Die Route ist markiert.

Oben in der Stadt *Sitten* schlägt man die Strasse Richtung Savièse ein. Beim Kirchhof biegt man auf einen Weg ab, der durch den Weinberg emporsteigt und die Hochebene mit den Dörfern erreicht, die alle einen besondern Namen tragen. Der Name Savièse bezieht sich auf die ganze Gemeinde. Man kommt in *Ormona* vorbei, wo die Kapelle der drei Weisen aus dem Morgenland steht, danach in St-Germain, dem Hauptdorf, mit seiner schönen Pfarrkirche aus dem Jahre 1523, die 1880 und 1934 vergrössert wurde. Kirchenfenster und Kreuzweg in Mosaik von E. Biéler; gotischer Glockenturm. Im Jahre 1952 renoviertes Gemeindehaus von 1580, dessen Doppelfenster mit Tuffstein eingefasst sind.

Zur Hochebene von Savièse gehören ausserdem die Dörfer Drône, Granois und Chandolin. Fruchtbarer Boden, gut und sonnig gelegen, schöne Aussicht auf die Walliser Südalpen. Die Bevölkerung zählt heute 4097 Einwohner. Sie ist reger, betriebsamer Art und bleibt ihrer Überlieferung treu. Viehzucht und der Anbau von Reben und Getreide sind die Haupterwerbsquellen. Es sind dort noch zahlreiche Ulmen erhalten, die alle zwei oder drei Jahre geschnitten werden und deshalb wie Säulen aussehen. Die Blätter finden Verwendung als Beigabe zum Futter für das Kleinvieh. Die Bewässerung ist gesichert durch eine berühmte Bisse, deren Anlage seit dem Jahre 1430 besteht. Es war eine bemerkenswerte Arbeit von Geschicklichkeit und Kühnheit; denn auf einer Strecke von mehr als 6 km mussten verschiedene Felsen überwunden werden. Zur Verteilung des Wassers auf der Hochfläche bediente man sich bis 1880 eines Stabes, der auf der einen Seite die Zeichen jeder Familie trug und auf der andern die Zahl der Wasserrechte. Dieses System war seit dem 8. und 9. Jh. bekannt und ging mit den symbolischen Zeichen der spätern Schrift voraus. Diese bedeutende Wasserfuhre war von grosser Wichtigkeit für die Bevölkerung und gab besonders bei der Inbetriebsetzung zu zahlreichen originellen Bräuchen Anlass. 1934 beschloss man, sie durch einen 4700 m langen Tunnel durch den Berg von Prabé zu ersetzen, um eine grössere Wassermenge von weiter oben herzuleiten. Im Mittelalter genoss Savièse eine Vorrangstellung im bischöflichen Wallis, da auf seinem Boden das Schloss von Soie stand, während die Gemeinde Conthey bis 1475 den Herzögen von Savoyen gehörte. Die Wälder und Weiden des Tales der Morge waren ungeteilt geblieben, was zu vielen Streitigkeiten und Rechtshändeln führte. Erst 1883 nahm man eine endgültige Aufteilung zwischen Conthey und Savièse vor.

Von *St-Germain* wendet man sich westwärts über *Granois* und kommt in der Nähe des Hügels vorbei, auf dem man noch die Ruinen des Schlosses von Soie erblickt, das 1219 von Landri du Mont, dem Bischof von Sitten, erbaut und 1417 im Raron-Krieg eingeäschert wurde. Alsdann erreicht man *Chandolin*. Die Strasse führt zu der Kapelle Notre-Dame-des-Corbelins (17. Jh.) hinab, zieht sich über reichliche Gletscherablagerungen, dringt in den wilden Talgrund ein, quert die Morge auf der *Pont-du-Diable* (Teufelsbrücke), die sich über eine enge, tiefe Schlucht spannt, steigt durch einen ausgedehnten Wald empor und führt über *Coppet* und *Cernet* nach *La Tsandra,* wo sich das Tal weitet.

Die Maiensässe von Savièse gewinnen an Bedeutung; überall mehren sich die kleinen Häuser, so bei Dilogne, Sur-le-Sex, Roua und *Glarey.* Hier schliesst sich das Tal, und über einen Steilhang klimmt man zum kleinen Hotel von *Tsanfleuron* empor. An sanftem Hang zieht sich eine Weide bis zum Sanetschpass hinauf. Links eine weite Fläche nackter Felsen, die der Gletscher von Tsanfleuron bei seinem Rückzug freilegte. Durch die Einwirkung der chemischen Erosion wurde der Kalkstein zersetzt, und diese Karrenfelsen zählen zu den schönsten der Schweiz. Der Pass bildet die Wasserscheide, jedoch nicht die Grenze zwischen den Kantonen Bern und Wallis. Die Bewohner von Savièse haben aus Mangel an Alpen die Grenze um 4 km auf die Nordseite verschoben. Die Berner liessen dieses Vordringen wohl deshalb geschehen, weil von ihrer Seite her die hochgelegene Alp schwer zugänglich war. Ferner erwarben die Bewohner von Savièse auf Bernerboden Maiensässe und Alpen ob Saanen, Lengmatten, Wispillen und Burg, sowie auch Les Ertets, Hexenboden und Griden auf der Seite des Pillon. Der Sanetschpass spielte früher eine wichtige Rolle im Handel zwischen Sitten und Gsteig, auch war er militärisch von Bedeutung zur Zeit der

Kriege zwischen den Herzögen von Savoyen und den Wallisern. Ein gut unterhaltener Weg führt von der Grenze nach *Gsteig.*
Von Savièse auf den Sanetsch wurde eine Strasse erstellt, deren Führung sehr interessant ist. Von Tsandra zieht sie ins Tal der Nétage, führt über die Maiensässe von Vouagno und Dilogne und erreicht diejenigen von Sur-le-Sex, von wo die Aussicht auf das ganze Tal der Morge grossartig ist. Durch einen Tunnel gelangt sie nach Dorbagnon, einem eindrucksvollen Eiland menschlichen Lebens auf 1950 m. Eingeschnitten in die felsigen Hänge des Sublage führt sie in das Tälchen von Tsanfleuron, wo sie durch eine gewaltige Moräne zieht, die der Gletscher von Tsanfleuron ablagerte, als er diese Landschaft formte, eine der interessantesten der Alpen. Das Wasser der Morge wird in Tsandra gefasst und durch einen Tunnel nach Derborence geleitet, wo es mit dem Wasser der Lizerne vereinigt die Zentrale von Ardon speist. Die Bernischen Kraftwerke errichteten im Tal der Sarine unten auf Gebiet von Savièse eine Staumauer, und der entstandene See verschönert die Landschaft.
Rückfahrt von Gsteig mit Postauto.

20 Sitten–Mayens-de-la-Dzou–Sitten

Route	Höhe in m	Hinweg	Rückweg
Sitten/Bf.	491	–	5 Std. 15 Min.
Mayens-de-la-Dzou	1343	2 Std. 40 Min.	3 Std. 15 Min.
Arbaz	1146	3 Std. 25 Min.	2 Std. 15 Min.
Sitten/Bf.	491	5 Std. 10 Min.	–

Im obern Teil von *Sitten* folgt man der Rawil-Strasse, die der Sionne entlang führt. Dort wo sie den Fluss quert, verlässt man sie, steigt weiter im Talgrund der Sionne an, zweigt alsbald links ab und gelangt nach *Drône.* St-Christoph-Kapelle aus dem Jahre 1694. Zuoberst im Dorf schlägt man den Saumweg ein und wählt bei einer Gabelung den Weg nach links, der auf eine hübsche Hochfläche mit dem Teich von *Arvije* leitet. Man mündet wieder in den breiten Weg ein, der über die Maiensässe von *Mocevron* emporsteigt und nach einer Schlaufe im Wald auf die schöne Hochebene der *Mayens-de-la-Dzou* (= forêt = Wald) mit zahlreichen zerstreut stehenden Berghäuschen hinausstösst. Prächtiger Blick auf das Rhonetal und die Südkette der Walliser Alpen. Zuoberst auf der Hochfläche befindet sich der Ausgang des Tunnels durch den Prabé, der die Bisse von Savièse ersetzt hat. Als interessanten Abstieg wählt man einen kleinen Pfad hinter der Kapelle, der ostwärts in den Wald absteigt, den Wildbach Drahin und später die Sionne quert und *Arbaz* erreicht, das auf 1146 m wunderbar gelegen ist. Man kann auch mit dem Postauto von Sitten aus dorthin gelangen. Abseits der Strasse führt ein Weg nach *Grimisuat* hinunter. Barock-Kirche aus dem Anfang des 17. Jh., 1949 vergrössert. Viereckiger Turm mit Giebel aus dem 13. Jh. Die Kirche dient heute als Pfarrhaus. Kurz nach dem Verlassen des Dorfes schlägt man einen hübschen Weg rechts der Strasse ein, welcher dem Kamm eines Hügels folgt und nach *Champlan* hinunterführt. Muttergottes-Kapelle aus dem Jahre 1718. Von dort benützt man die Strasse bis nach Sitten.

21 Arbaz–Combe-d'Arbaz–Incron

Route	Höhe in m	Hinweg	Rückweg
Arbaz	1146	–	1 Std. 30 Min.
Incron	1755	2 Std.	–

Das Dorf *Arbaz* sonnt sich in prächtiger Lage auf einer Hochfläche (1146 m) mit wunderbarer Aussicht auf das Mittelwallis. Es werden dort Ferienhäuschen gebaut. Das Dorf ist mit dem Postauto von Sitten aus erreichbar. Für den Auf- und Abstieg zu Fuss siehe Route 20. Man steigt über *Lazier* empor und wendet sich dem Tale zu, wo die Sionne fliesst. Bei einer Weggabel hält man nach rechts. Nach dem Überschreiten des Flusses in *Seillon* steigt man am rechten Ufer bis zu Pt. 1446 hinan und schlägt dort einen Weg ein, der nach links zu der Häusergruppe von *Vermenala* emporführt. Unten im Weiler leitet ein Weg nach links, steigt ziemlich steil 200 m an und erreicht die hübsche Hochfläche von *Incron* mit mehreren Hütten und schönen Lärchen. Man ist erstaunt über die eigenartige Lage an den unzugänglichen Felswänden des Prabé, am Rande der Schlucht des Drahin. Abstieg auf demselben Weg. Wenn man diese Wanderung verlängern will, kehrt man zuerst wieder in den Talgrund zu Pt. 1446 zurück, von wo man beliebig weit ins Tälchen von Arbaz emporsteigen kann, sogar bis in die Gegend der Hütte von Donin (2233 m). Wilder Bergkessel mit Kalkfelsen.

22 Arbaz–Tsalan–Bisse de Sion–Arbaz

Route	Höhe in m	Hinweg	Rückweg
Arbaz	1146	–	6 Std.
La Brune	1946	2 Std.	4 Std. 30 Min.
Sérin	1916	3 Std. 30 Min.	3 Std.
Pro-Catroué	1400	5 Std. 30 Min.	45 Min.
Arbaz	1146	6 Std.	–

Diese Tour erfordert nur 2 Std. Aufstieg. Das Überschreiten der Alpweiden von Ayent und die 6,6 km lange Wanderung der Bisse von Sion entlang ist prächtig. Oberhalb des Dorfes *Arbaz* steigt man zur Hochebene des Teiches von Long empor und von dort auf die letzten Maiensässe von *Pro-Catroué* hinauf. In nordöstlicher Richtung betritt man den Wald, hält im Forêt-de-Moère nach links und erreicht bald die Hochfläche der *Mayens-de-Go*. Fast zuoberst mündet man in den Weg ein, der von Anzère herkommt und westwärts auf den bewaldeten Grat zu Pt. 1745 führt. Hübscher Aufstieg durch den Wald. Man kommt links an dem merkwürdigen Felshügel *La Brune* vorbei und stösst etwas weiter oben auf die ausgedehnte Hochfläche der Alpen von *Tsalan-d'Ayent* hinaus. Wundervoller Blick auf den Hang von Ayent und Montana, das weite Rhonetal und die Kette der Walliser Südalpen. Nun wandert man über die Alpweiden von Tsalan-d'Ayent, Tsalan-d'Arbaz und la Chaux-de-Duez oberhalb der zerfurchten Kamine und des rutschigen Bodens von Ravouéné. In leichtem Abstieg gelangt man auf der prächtigen Hochebene über die mit Lärchen bestandene Weide von *Tsijiri* und *Serin* zum grossen Bergsturz vom Rawilhorn, der sich am Auffahrtsmorgen des Jahres 1946 infolge eines starken Erdbebens plötzlich ereignete. Nach 150 m Abstieg im Wald stösst man zur *Bisse de Sion,* die 1903 von der Gemeinde Sitten erstellt wurde, um das Wasser der Liène über eine 14 km lange Strecke in die Sionne zu führen. Auf dem Rückweg folgt man der Bisse 6,6 km weit. Lange, aber keineswegs eintönige Wanderung, da man beobachten kann, wie ihre Errichtung den äusserst verschiedenen Landschaftsformen angepasst worden ist. In Ravouéné zieht sie sich über rutschiges Gelände, wo das Wasser durch Holzröhren geleitet wird. Beim Erdbeben 1946 wurden mehrere Berghäuser verschüttet. An diesen Hängen gibt es grosse Plätze mit leuchtendem Goldregen. Die Zweige der kleinen Sträucher sind blattlos, um die Verdunstung zu vermindern, die in einem solch trockenen Klima sehr gross ist. Wenn der Goldregen im Frühling in Blüte steht, bietet er einen prächtigen Anblick. Etwas weiter quert die Bisse ein tiefes Tal und stösst hinaus auf die schöne Hochebene von *Grillesse* mit ihren zahlreichen Häuschen. Bald darauf bildet sie einen 117 m hohen Wasserfall. Nun verlässt man sie bald und folgt dem Weg bis nach *Audey*, wo man ihr wieder folgen kann. Sie zieht sich über den reizenden Maiensässen von Anzère hin, dringt unterhalb Go in den Wald ein und strömt bis zu den Maiensässen von Arbaz hinab *(Pro-Catroué)*, wo man sie verlässt und ins Dorf *Arbaz* hintersteigt.

Abzweigung

a) *Arbaz–Etang-Long–Bisse d'Ayent–Ehéley* (2 Std. 30 Min.)

23 Sitten–Mont-d'Orge–Sitten

Route	Höhe in m	Hinweg	Rückweg
Sitten/Bf	491	–	2 Std.
Mont-d'Orge	786	1 Std. 30 Min.	–

Kurze Wanderung für Leute, die nicht gern weit marschieren. Oben in der Stadt Sitten schlägt man die Strasse nach *Gravelona* ein. Fast an ihrem Ende, oberhalb des Spitals, verlässt man sie und biegt auf einen Pfad nach rechts ab, der durch die Reben emporsteigt und den See von *Mont-d'Orge* erreicht. Dieser erste Teil der Wanderung führt durch den Weinberg, der am Steilhang in Terrassen angelegt ist. Dort finden neben den Reben noch andere Pflanzen Raum. Sie wachsen auf den Felsbuckeln, die hier und dort auftauchen, sowie auf den freien Stellen längs der Mauern und Pfade. In frühern Zeiten wurden dort auch Mandelbäume angepflanzt, die gut gedeihen. Sie stehen schon im Vorfrühling in Blüte und verleihen dieser Gegend, die sonst keine frohen Farben aufweist, ein ganz besonders liebliches und frisches Aussehen. In Europa war die Kultur des Mandelbaumes zuerst im alten Griechenland bekannt. Aus diesem Lande, wo er 3000 bis 4000 Jahre in vorchristlicher Zeit wild wuchs, wurde er in das römische Reich eingeführt. Nach Plinius gab es schon zur Zeit von Cato (2. Jh. vor Chr.) grosse Pflanzungen dieses Baumes. Seine Frucht ist unter dem Namen ‹griechische Nuss› bekannt, was deutlich auf die Herkunft hinweist. Heute

wird die Kultur des Mandelbaumes zu Erwerbszwecken auf ausgedehntem Raume in der Mittelmeerzone gepflegt. Seine eigentliche Heimat ist Turkestan. Er hat viel Ähnlichkeit mit dem Aprikosenbaum, bei dem man in den verschiedenen Ländern der Erde 25 Sorten unterscheidet. Ein Hauptmerkmal ist sein frühes Blühen. Vor allen andern Obstbäumen steht er, je nach zeitigem oder spätem Frühlingsbeginn, vom 10. bis 30. März in Blüte, selten erst anfangs April. Bei uns gestaltet sich die Kultur dieser frühen Blütezeit wegen schwierig, weil oft noch Frost folgt. Im Wallis gibt es zwei Aprikosensorten; die eine schmeckt nach süssen, die andere nach bittern Mandeln. Der See von Mont-d'Orge verdankt seinen Ursprung einer glazialen Austiefung und Moränenablagerungen. Seine Zugänge sind sehr hübsch: Weiden, Eichen und verschiedene Sträucher werden von einer Gruppe italienischer Pappeln überragt. Ein breiter Schilfstreifen säumt das Wasser, am südlichen Ufer leuchten weisse Seerosen, und in den Gebüschen der Umgebung gibt es Nachtigallen in Menge. Auch die übrige, sehr reichhaltige Pflanzen- und Tierwelt gereicht einem zur Freude.
Am Ostufer des Sees steigt man auf einem Weg empor. Man muss ihn aber bald wieder verlassen, um den unwirtlichen Hang zu erklimmen, auf dessen Höhe man über den Ostgrat des Hügels gelangt. Typischer Pflanzenwuchs trockener Gebiete mit Eichengebüsch und vielen Anemonen. Zuoberst erblickt man die Ruinen eines Schlosses, das vom Grafen von Savoyen im Anfang des 13. Jh. gebaut wurde und 1417 verbrannte. Trotz der geringen Höhe von nur 786 m ist die Aussicht sehr umfassend. Man erblickt das Rhonetal von Leuk bis Martigny, die Hügel Valère und Tourbillon, das über andern Gipfeln thronende Bietschhorn, den Eingang des Eringertals, fast das ganze Tal von Nendaz, oberhalb Martigny La Forcla, Arpille, Aiguilles-Rouges de Chamonix und Aiguilles-du-Tour. Am rechten Rhoneufer die dunkle, abgestumpfte Pyramide des Ardève, Grand-Chavalard, Haut-de-Cry und die Hochebenen von Conthey und Savièse.
Man steigt wieder zur obern Bisse hinab, der man westwärts um den Hügel herum folgen kann. Ein breiter Weg leitet zum Weiler *La Mura* oberhalb des Sees. Auf der Strasse von Savièse absteigend, geniesst man einen prächtigen Blick auf Sitten und seine Hügel.

Abzweigung

Bisse de Mont d'Orge–Pont-de-la-Morge (40 Min.)

24 Sitten–Bisse de Lentine–Sitten

Route	Höhe in m	Hinweg	Rückweg
Sitten/Bf.	491	–	2 Std. 30 Min.
Bisse de Lentine	700	1 Std.	1 Std. 45 Min.
Sitten/Bf.	491	2 Std. 30 Min.	–

Vom Bahnhof in *Sitten* steigt man durch die Avenue de la Gare, Rue de Lausanne und Rue du Grand-Pont hinauf. Nun folgt man der Rawil-Strasse bis zu der Stelle, wo sie die Sionne quert und in die Felsen eindringt. Man wandert dem Fluss entlang bis unterhalb des Dorfes Drône, wo eine Wasserfuhre den Weg überquert, die 400 m weiter oben von der Sionne abgeleitet wird. Man kann bis dort in diese schöne, wilde Natur hinaufsteigen, hernach wieder zurückkehren und dem Lauf der *Bisse von Lentine* folgen. Sie gehört der Stadt Sitten und bewässert etwa 200 ha des Rebbergs. Sie fliesst nicht durch schwieriges Gelände, das eine kühne Führung erforderte; jedermann kann ihr folgen. Auf der 3250 m langen Strecke bis nach *Dioly* umfliesst sie bewaldete Mulden und alsdann Rebberge. Wenn sie nicht genutzt wird, nimmt der See von Mont-d'Orge ihr Wasser auf. Nachts und sonntags ermöglicht ein Siphon das Bewässern am Südhang des Hügels von Mont-d'Orge. Auf diesem reizenden Spaziergang befindet man sich hoch über der Stadt Sitten und ihren Hügeln. (Über den See von Mont-d'Orge und seine Ufer siehe Route 23.)

25 Sitten–Valère–Tourbillon

Route	Höhe in m	Hinweg	Rückweg
Sitten/Bf.	491	–	1 Std. 10 Min.
Valère	611	40 Min.	40 Min.
Tourbillon	658	1 Std. 20 Min.	–

Am Ausgang des Bahnhofs von *Sitten* folgt man der Avenue de la Gare mit ihren schönen Katanienbäumen. Eingangs der Place de la Planta wendet man sich rechts durch die Rue de Lausanne, alsdann links durch die Rue du Grand-Pont, die so genannt wird, weil die Sionne in einem Tunnel unter ihr

Sitten-Nord

durchfliesst. An der Ecke des Rathauses biegt man nach rechts zur Rue des Châteaux ab, die zwischen den Gebäuden in ein Tälchen emporführt. Zuoberst leitet ein Weg nach *Valère*, ein anderer nach *Tourbillon*.

Geologisches: Der Hügel von Valère besteht ganz aus Trias-Quarzit. Derjenige von Tourbillon setzt sich in einem langen Grat fort, der parallel zur Achse des Rhonetals verläuft. Die Senkung von Plata am Nordfuss des Hügels ist mit Geröll bedeckt. Man hat jedoch dort einen kohlenhaltigen Übergang bemerkt, der wahrscheinlich mit weichem Gestein zusammenhängt. Ebenso verhält es sich mit der kleinen Senkung zwischen Valère und Tourbillon, wo man nach Osten hin kohlenhaltige schwarze Schiefer entdeckte. Der Hügel von Tourbillon zwischen diesen beiden Zonen besteht aus Kalkgestein mit bräunlichem Rostüberzug.

Beim Zusammentreffen des Eringer- und Rawilgletschers mit dem Rhonegletscher mussten sich Zonen bilden, wo die Erosion weniger stark war. So könnte die Entstehung der Hügel von Valère, Tourbillon, Mont-d'Orge und Maladaires erklärt werden, die einen Riegel durch das Rhonetal bilden.

Der Block Venetz: Die Gletscher aus der Würmeiszeit haben einen klaren Beweis ihres Durchzugs in Gestalt eines erratischen Blocks hinterlassen, der auf einem Grat östlich des Hügels von Valère, beim Pulverturm, liegt. Man kann dorthin gelangen, indem man von Prélet-de-Valère leicht absteigt. Es ist ein unregelmässig abgerundeter Kalksteinblock von etwa 3 m Durchmesser. Er liegt auf zwei Quarzitblöcken, einem kleinen runden Kieselstein und einer vorspringenden Ecke des Felsgrundes. In einer Schrift über die einstigen Gletscher erklärt Ingenieur I. Venetz die Lage des in der Spalte verkeilten Blocks auf vier Stützpunkten folgendermassen: Der Block befand sich auf dem Gletscher, der sich im Anwachsen erhöhte, über den Hügel floss und dabei zerklüftet wurde. Zuerst fiel der kleine Stein in eine Spalte, und der grosse Block folgte. Er prallte so heftig auf dem Grunde auf, dass er von oben bis unten zerbarst und zwei Stücke des dortigen Felsens wegriss, auf denen er nun ruht. 1868 ist dieser Block auf Antrag des SAC dem Ingenieur I. Venetz gewidmet worden. Er trägt die Aufschrift: ‹I. Venetz, 1821, en souvenir de sa découverte de la théorie glaciaire, présentée à la Société helvétique des sciences naturelles en 1821.› Ein kleinerer Block dieser Art liegt am Wegrand in der Nähe des Schlosses Tourbillon.

Schalensteine: Östlich von Prélet-de-Valère befindet sich einige Meter unterhalb der höchsten Stelle des Felsgrates eine nach Süden geneigte, vom überhängenden Felsen halb versteckte Steinplatte, die vier prächtig gearbeitete, auf der Innenseite glatte Schalen trägt. Die grösste weist einen

Durchmesser von 8 bis 10 cm und eine Tiefe von 6 cm auf. Eine kleine daneben hat einen Durchmesser von 4 cm und ist 1,5 cm tief. Der Durchmesser der andern zwei beträgt 7 bis 8 cm, die Tiefe 3 bis 4 cm. Ferner erkennt man noch drei angedeutete Schüsselchen.
Einige Meter höher oben sind in der Wand eines Grateinschnittes verschiedene Vertiefungen zu sehen, deren grösste einen Durchmesser von 30 bis 45 cm aufweist. Da sie sich an fast senkrechten Wänden befinden, sind sie leer. Ihre Innenseite ist uneben, unregelmässig und beweist, dass sie durch die natürliche Erosion in weniger harten Teilen des Gesteins entstanden sind. Einige sind etwas abgenutzt von den genagelten Schuhen der Touristen, die sie als Stufen benützten, um auf den Grat empor zu klettern.
Flora: Diese Hügel sind von den Menschen unberührt geblieben, da zum Anbau nicht genügend Erde vorhanden ist und es an Wasser mangelt. Typische Flora der wilden Gegenden des Mittelwallis.
Panorama: Von Prélet-de-Valère schweift der Blick über den breiten Schuttkegel der Borgne, die dem Eringertal entströmt und nach Brämis (Bramois) fliesst. Etwas entfernter St-Léonard, Granges, Gröne und Réchy. Über einer Gipfelreihe thront das Bietschhorn, und der senkrechte Einschnitt des Trubelnstocks fesselt den Blick.
Vom Vorplatz der Kirche Valère aus ist die Altstadt Sitten mit ihren dichtgedrängten Gebäuden gut zu erkennen. Die neue Stadt dehnt sich nach und nach in die Rebberge aus. Rechts der Hang von Savièse, links derjenige von Salins und der Mayens-de-Sion; etwas weiter entfernt die Dörfer von Nendaz. In der Ferne breitet sich bei Martigny die Ebene aus mit ihren Schuttkegeln und den Windungen der Rhone.
Derselbe Ausblick bietet sich von Tourbillon, nur etwas umfassender.
Geschichtliches: Nachdem wir diese Wanderung in Beziehung auf die Natur beschrieben haben, bliebe nun noch die Geschichte dieses Gebietes zu erwähnen. Sie ist aber so reichhaltig und derart eng mit der Geschichte des Wallis verknüpft, dass es unmöglich ist, sie in dem beschränkten Raum dieses Wanderbuches unterzubringen. Im ‹Guide artistique du Valais› von M. Donnet findet man die gewünschten Nachweise. Hier nur einige kurze Angaben: Die ursprüngliche Besiedlung begann in der neolithischen und Bronzezeit im Tälchen am Fusse der Hügel von Tourbillon und Valère, wo sich die Rue des Châteaux hinzieht. Diese Stelle wurde gewählt, weil sie vor den Überschwemmungen der Sionne und Rhone sicher war, gegen den Föhn geschützt, jedoch nicht gegen den Wind, der durch das Rhonetal hinauf weht. Die beiden Hügel Tourbillon und Valère erleichterten die Ver-

teidigung, da es genügte, das Tälchen zuunterst mit Schutzwällen abzuriegeln. Zwischen 565 und 585 wurde Sitten Sitz des Bischofs, dem Rudolf III., König von Burgund, die Grafschaft Wallis schenkte. Das Zentrum der Stadt lag damals auf der Terrasse, wo heute das Theater und die Kirche des Kollegiums stehen. 1373 kaufte der Bischof das Schloss von der Majorie zurück und machte es bis 1788 zu seiner Residenz. Heute ist das Kunstmuseum darin untergebracht. Kurz vor Valère die Allerheiligen-Kapelle aus dem Jahre 1049. In stolzer Lage auf ihrem Felsen, schmiegt sie sich harmonisch in die Landschaft. Der verschiedenartige Rostüberzug ihres Steins ist sehr hübsch. Schloss und Kirche von Valeria sind wunderbar dem Gipfel des Hügels angepasst und bilden dessen prächtige Krone. Das Schloss gehört dem Domkapitel, das 1049 erwähnt wird. Es diente den Domherren als Residenz. Von Festungswällen und Türmen geschützt, enthielt es eine Reihe Wohnungen. Diese beherbergen heute die archäologischen und ethnographischen Sammlungen des Museums.

Kirche von Valeria: Man unterscheidet vier Bauperioden: von 1100 bis 1130, die letzte romanische Zeit, die gotische Zeit und von 1235 bis 1267. Romanischer und gotischer Stil berühren sich, ohne die Harmonie des Ganzen zu beeinträchtigen. Am meisten fällt die Empore auf, welche das Schiff vom Chor trennt und mit Vozzolano in Italien noch das einzige Beispiel aus dem 13. Jh. darstellt. Höchst seltene Stücke sind das Chorgestühl, 1662–1664 erstellt, und die Orgel aus dem 15. Jh. Ein Besuch dieses architektonisch sehr interessanten Gebäudes lohnt sich.

Tourbillon: Das Schloss wurde zu Ende des 13. Jh. vom Bischof Boniface de Challant erbaut, 1416 zum grossen Teil von den patriotischen Wallisern zerstört und um 1447 durch den Bischof Wilhelm III. von Raron wiederaufgebaut. Von da an war es Sommerresidenz der Bischöfe bis zum Brand im Jahre 1788. Es lohnt sich, die Ruinen dieses Schlosses zu besichtigen. Seit 1959 erstrahlt dieses Bauwerk bei Nacht in starker künstlicher Beleuchtung, und die hervorgerufenen auffallenden Kontraste sind von ergreifender Wirkung und ziehen eine Menge Menschen an. Um jedoch das wirklich Interessante dieser Hügel und ihrer Bauwerke mit der wichtigen Rolle, die sie durch Jahrhunderte in der Geschichte des Landes gespielt haben, zu verstehen, muss man sie tags besuchen und im hellen Licht der Walliser Sonne genau betrachten. Die Geschichtskundigen und die Freunde des Wallis bedauern es, bei den Zugängen und sogar im Innern des Schlosses und der Kirche von Valeria, der Kirche Allerheiligen und des Schlosses Tourbillon jetzt so viel künstliche Beleuchtung anzutreffen.

89 Die sonnigen, treppenartig angelegten Rebberge bei Sitten

26 Sitten–Bisse de Clavau–St-Léonard

Route	Höhe in m	Hinweg	Rückweg
Sitten/Bf.	491	–	4 Std. 30 Min.
Signèse	716	1 Std. 40 Min.	2 Std. 50 Min.
Elektrizitätswerk	691	2 Std. 30 Min.	2 Std.
St-Léonard/Station	505	4 Std.	–

Reizvolle Wanderung, die auf einer Strecke von 7 km einer Bisse entlang führt. Von *Sitten* folgt man der Rawil-Strasse. Nachdem sie die Sionne überquert hat, zieht sie sich durch Felsen. Bei der ersten Schlaufe verlässt man sie, steigt einige Meter nach rechts empor und gelangt an die *Bisse von Clavau*. Man folgt ihr durch die Reben am Hang des Rhonetals. Sie wird von der Liène abgeleitet und wurde 1453 vom Bischof, dem Kapitel und der Stadt Sitten erstellt. Nach und nach wird der Hang sehr steil. Um das Anpflanzen von Reben zu ermöglichen, wurden Trockenmauern errichtet und der ganze Hang in Terrassen umgewandelt. Die obern Mauern sind in riesigem Ausmass erstellt worden, was von der damaligen Begeisterung für die Reben zeugt. Das Verteilen des Wassers muss mit äusserster Vorsicht geschehen. Zu feuchter Boden wird beweglich, gerät ins Gleiten und reisst die Mauern fort. Grosse Verheerungen dieser Art waren im Januar 1955 infolge ausgiebiger Regenfälle zu verzeichnen. Von Pt. 650 weg fliesst die Bisse am sanften Hang durch den prächtigen Weinberg von *Molignon*. Über dem Dorf *Signèse* gelangt man ans Ende des Rhonetalhangs und betritt das Tal der Liène, welches nach dem Rückzug der Quartärgletscher ausgetieft wurde. Man quert das Tälchen von Vos, hernach ein zweites. Die Kulturen verschwinden, und der Schlosshügel von Ayent türmt sich auf. Bei Pt. 675 stösst die Zuleitung des Kraftwerks von Orsire heraus, das man weiter unten erblickt. Von der Fassung bis hieher wird das Wasser der Bisse unterirdisch geführt. Aber der Weg, den die ehemalige Wasserfuhre nahm, besteht noch. Man kann ihm leicht folgen und an einer gewissen Stelle einen Tunnel sogar ohne Beleuchtungsmittel durchschreiten. Diese letzte Wegstrecke ist wild und malerisch. Von der Wasserfassung weg steigt der Pfad ein wenig durch den Wald hinan und führt alsdann wieder abwärts zum Elektrizitätswerk, das seit der Errichtung der Rawil-Staumauer nicht mehr in Betrieb ist. Man steht an der Stelle, wo sich die Talmühlen befanden. Nun quert man den Fluss, folgt dem Weg in den Wald hinauf, und wenn man etwa 50 m Höhe gewonnen hat, wählt man bei

einer Gabelung den Weg nach rechts. Er zieht sich ebenhin durch grosse Gletscherablagerungen bis zu einer kleinen Lichtung, die von der Bisse Léonin durchflossen wird, welche schon 1367 urkundlich erwähnt wird. Wenn man nicht gewohnt ist, in den Felsen zu gehen, ist es vorsichtiger, der Bisse nicht zu folgen, da es etwas gefährlich ist. Man steigt besser etwa 50 m im Wald empor, wo man einen Pfad findet, der von Lens herkommt. Er wendet sich nach rechts, steigt etwas an und führt auf eine kleine bewaldete Hochfläche über einem grossen Felsen. Der Pfad für den Abstieg ist nicht ganz leicht zu finden. Man wandert dem untern Rande der Hochebene entlang und folgt der ersten Spur, die bald zum deutlichen Pfad wird, der auf der Karte eingezeichnet ist. Man erreicht die Domäne *Les Planisses,* von wo eine Strasse nach St-Léonard führt. Man kann aber dem alten Weg folgen. In *St-Léonard* ist ein unterirdischer See in einer grossen Höhle zu besichtigen, die durch Auflösung in den Gipsfelsen entstanden ist. Der See ist 200 m lang und 15 m breit. Der Wasserspiegel verändert sich je nach den Jahreszeiten. Im Sommer steigt er infolge der Bewässerungen, und im Frühling ist er am niedrigsten, so dass die Besichtigung zu dieser Zeit am günstigsten ist.
Etwas weiter befindet sich auf einem Hügel eine Stelle, wo durch Ausgrabungen zahlreiche neolithische Gegenstände entdeckt wurden. Nach Sitten zurück mit der Bahn.

27 St-Romain (Ayent)–Anzère–Tsalan–St-Romain

Route	Höhe in m	Hinweg	Rückweg
St-Romain	1027	–	6 Std.
Anzère	1500	1 Std. 15 Min.	5 Std. 15 Min.
Tsalan	2002	2 Std. 45 Min.	4 Std. 15 Min.
Serin	1916	4 Std. 15 Min.	2 Std. 45 Min.
La Giète-Délé	1096	5 Std. 15 Min.	45 Min.
St-Romain	1027	6 Std.	–

Nach *St-Romain* mit dem Postauto Sitten–Ayent.
Ayent ist eine grosse Gemeinde mit 2581 Einwohnern. Sie gehört zum Bezirk Eringen und umfasst die Dörfer St-Romain, Blignou, Botyre, Saxonna, Fortuno, Luc, La Place, Argnou und Signèse. St-Romain ist das Pfarrdorf. Kirche aus dem Jahre 1862, Glockenturm aus dem 15.–16. Jh., Gemeinde-

haus aus dem 16. Jh. mit vertäfeltem Saal aus dem Jahre 1634. Beim Dorf *La Place* erhebt sich ein 80 m hoher Hügel, auf dem zwei Schlösser stehen. Das eine gehörte den Herren von Ayent, den Lehensmännern des Bischofs von Sitten, das andere denen von Bex-La Tour, den Lehensmännern von Savoyen. In der Nähe von La Place fand man Gräber aus der Bronzezeit. Die Gegend von Ayent bewahrte sowohl im Hausbau wie in ihren Sitten und Gebräuchen viele Eigenheiten aus der Vergangenheit. Wir erwähnen das Verteilen von Brot, Käse und Wein an die ganze Bevölkerung am Pfingstnachmittag. Der Ursprung dieses Brauches steht in Beziehung zu einer religiösen Bruderschaft, die sich seit 1320 in Ayent ausbreitete. Sie besass Vermögen und Güter, um den Armen zu helfen und die Reisenden und Pilger aufzunehmen. Seit 1851 wurde ein Teil der Einkünfte für die Schulen verwendet und der Rest kam an die Gemeinde, welche die Kosten der Verteilung an Pfingsten übernahm. So wurde die Überlieferung erhalten. Wir folgen dem Saumweg, der oberhalb St-Romain ansteigt, sich schräg nach Nordosten wendet und auf einer Hochebene *Flans* erreicht, eine Gruppe kleiner Gebäude auf 1229 m. Sie sind aus Trockensteinen aufgemauert und enthalten einen Stall und darüber einen einzigen fensterlosen Raum, der bis unter das Dach hinauf reicht. Gekocht wird in einem Winkel. Kamin gibt es keines, der Rauch entweicht durch die Löcher im Dach. Strohsäcke als Nachtlager, Gebrauchsgegenstände, Kleider, alles ist in diesem Raum untergebracht. Interessante Art des ursprünglichen Hauses, das sich in diesen Maiensässen erhalten hat, die selten bewohnt werden. Wir steigen über *Utignou* und *Anzère* auf die langgestreckte Lichtung von *Go* empor. Von dort führt ein Weg durch den Wald auf den Grat. Nun steigt er an, leitet an der felsigen Anhöhe *La Brune* vorbei und stösst auf die Weiden von *Tsalan* hinaus (2000 m). Überwältigender Blick auf das Rhonetal und die Gipfel der Walliser Südalpen. Die Wanderung ebenhin über die Weiden von *Chaux-de-Duez* bis zur hübschen Hochfläche von *Serin* ist prächtig. Man sieht dort das weite Gebiet des grossen Bergsturzes, der sich 1946 am Morgen des Auffahrtstages infolge eines starken Erdbebens ereignete. Unterhalb der Hütte von Serin trifft man wieder auf den alten Rawilweg und gelangt zu den Hütten von *Pra-Combère,* die durch das Erdbeben im Jahre 1946 grossen Schaden erlitten. Mehrere stürzten ein, und im Erdboden klafften Risse, was die Bevölkerung in grosse Unruhe versetzte. Man steigt auf dem alten Weg ab; die Strasse zieht lange Schlaufen. Im Sommer besteht ein Autocar-Dienst. Unterhalb La *Giète-Délé* quert man den Wildbach Croix in seiner Schlucht. Von dort der Strasse entlang nach *St-Romain.*

Das Touristendorf Anzère

Es liegt etwa 20 km von Sitten entfernt in der Gemeinde Ayent. Man gelangt dorthin, indem man auf der Strasse Sitten–Crans bis ins Dorf Botyre fährt und von dort über St-Romain das Dorf Anzère erreicht. Wer zu Fuss gehen will, schlägt zuoberst im Dorf St-Romain einen Saumweg ein, der auf die hübsche Hochebene der *Mayens-de-Flans* (1229 m) emporsteigt. Etwas weiter unten befindet sich ein Pfadfinderlager. Der Weg führt über *Utignou* nach *Anzère*.
Die Landschaft liegt in der Zone der Nadelhölzer. Schöne Flächen wurden urbar gemacht, um Maiensässe zu gewinnen. Der Hang zwischen 1400 und 1550 m ist sanft, günstig zum Bau von Siedlungen. Er bildet die Fortsetzung der Hochebene von Montana-Crans und der Maiensässe von Arbaz. Er ist nach Osten und Süden gerichtet und wurde von den einstigen Gletschern geformt, die viele Moränen zurückliessen, wovon die Bodenwellen zeugen. Um einen grossen zentralen Platz herum, der sich sehr gut für Zusammenkünfte eignet, hat man mehrere geräumige Bauten in Form von Chalets erstellt. Zahlreiche gefällige Ferienhäuschen, aus Holz gebaut, oft neben Baumgruppen oder am Waldrand, stehen weit herum zerstreut. Ein Baureglement der Gemeinde verhindert jede übertriebene Erweiterung des Unternehmens. Heute stehen schon 2000 Betten zur Verfügung, um die Masse der Feriengäste aufzunehmen, die von der herrlichen Landschaft angezogen werden. Das Klima ist günstig; sehr sonnig, trockene Luft, geringe Niederschläge, selten Nebel und Gewitter. Eine Kabinenbahn, die auf den *Pas-de-Maimbré* emporführt (2362 m), die noch bis auf das Wildhorn verlängert werden soll, steht zur Verfügung. Zwei neue Skilifte ergänzen die fünf bereits bestehenden, und auch ein Sessellift wurde erstellt. Die Umgebung von Anzère eignet sich ganz besonders für Spaziergänge und Wanderungen. Mehrere sind in diesem Buch beschrieben.

Wanderungen von Anzère aus

a) Anzère–Tsalan–Grillesse und zurück nach Anzère.
b) Anzère–Bisse de Sion–Forêt-de-Moère–Pro-Catroué und zurück nach Anzère.
c) Anzère–Grillesse–Bisse de Sion–Serin–Tseuzier–Rawilpass–Stausee von Tseuzier. Bergsturz vom Rawilhorn.
d) Anzère–La Tsouma–Etang-Long–Bisse d'Arbaz–Combe-d'Arbaz.

28 Sitten–Rawilpass–Lenk

Route	Höhe in m	Hinweg	Rückweg
Sitten/Bf.	491	–	10 Std. 30 Min.
Grimisuat	881	1 Std. 30 Min.	9 Std. 30 Min.
St-Romain	1027	2 Std. 30 Min.	8 Std. 45 Min.
La Giète-Délé	1096	3 Std. 15 Min.	8 Std.
Les Ravins (Tseuzier)	1779	5 Std. 45 Min.	6 Std. 20 Min.
Rawilpass	2429	7 Std. 30 Min.	5 Std.
Blattihütte	2029	8 Std. 45 Min.	3 Std.
Iffigenalp	1584	9 Std. 15 Min.	2 Std. 30 Min.
Pöschenried	1210	10 Std. 15 Min.	1 Std.
Lenk/Station	1068	11 Std.	–

Die Route ist markiert.

Diese lange Wanderung kann gekürzt werden, indem man bis Tseuzier das Postauto benützt. Von dort erfordert der Aufstieg auf den Pass nur noch 2 Std. Sehr interessante Tour, welche die beiden so verschiedenen Hänge der Berner Alpen zeigt.
Oben in der Stadt *Sitten* folgt man der Rawil-Strasse bis zu den Weilern *Champlan* und *Grimisuat*. Alter Turm aus dem 13. Jh., Barockkirche aus dem Anfang des 17. Jh. Auf dem Wege nach *St-Romain* erblickt man inmitten der Kulturen eine Reihe felsiger Hügel mit wildem Pflanzenwuchs. Auf diesem Boden blühen im Frühling kleine Goldregenbäume, deren Zweige keine Blätter tragen, um nicht so viel Wasser zu verdunsten (Merkmal des Trockenklimas). Auf den Feldern wächst eine sehr seltene gelbe Tulpe. (Über Ayent siehe Route 27.)
Kurz nach St-Romain streift man durch das Dorf *Fortuno,* und etwas weiter steht am Strassenrand eine Kapelle, die dem heiligen Gotthard geweiht ist. Ort der Wallfahrten und Prozessionen. Bald erreicht man die kleine Hochfläche *La Giète,* von wo eine Strasse nach Anzère emportuhrt. Diesseits *La Giète-Délé* gähnt die Schlucht des Wildwassers Croix. Die neue Strasse zieht sich durch einen grossen Wald. Auf 1390 m Höhe quert man die Bisse von Ayent, die schon 1448 urkundlich erwähnt wird. Sie wird von der Liène abgeleitet, quert verwegen eine grosse Felswand in einer von Hand gegrabenen Rinne, drängt sich in einem Tunnel durch die Felsen des Wildbaches Croix und verzweigt sich auf dem ganzen Gebiet der Gemeinden Ayent und Grimisuat. In der Kirche von St-Romain brennt während der Messe auf einem Seitenaltar eine Wachskerze, die einer der Wächter je-

weils anlässlich der Prozessionen trägt. Es ist die Kerze der Bisse, und dieser Brauch zeigt die soziale und wirtschaftliche Bedeutung der Wasserfuhre als Lebensquell. Der Aufstieg setzt sich etwas einförmig fort bis zum Maiensäss von *Pra-Combère* (= près de la combe = bei der Schlucht), einer Gruppe von etwa zwanzig sehr einfachen Berghäuschen mitten auf einer Grasfläche. Ein direkter Übergang von hier auf die Alp von Rawil war früher einer Felswand wegen unmöglich. Zuerst wurde ein Weg erstellt, der von La Giète-Délé an die Liène im Talgrund führte und von dort, auf sieben malerischen Brücken den Fluss überquerend, Barmes am Eingang der *Rawilalp* erreichte. Erst 1837 wurde der Saumweg nach Les Hors-du-Rawil gebaut. Er stieg auf 1926 m empor und senkte sich durch Runsen wieder auf 1683 m hinunter. Die heutige Strasse überwindet diese Felsen in einem Tunnel. In diesen Verbindungsmitteln verkörpern sich drei Kulturstadien. Nicht weit von der Strasse entfernt strömt die 1903 erstellte Bisse de Sion. Sie nimmt ihren Ursprung im Quellgebiet der Liène, fliesst in einem Tunnel durch den grossen Felsen und über die Höhe der Maiensässe und ergiesst sich in die Sionne. Von dort führt die Bisse von Lentine das Wasser in den Weinberg von Sitten.

Auf der Rawilalp ist das Tal durch einen Riegel abgeschlossen, wo ein ehemaliger Gletschersee liegt. Nach dem Rückzug der Gletscher durchsägte die Liène diesen Riegel in einer engen Schlucht, was eine günstige Voraussetzung für eine Staumauer war. Das Staubecken bedeckt einen Teil der Alpweiden von Rawil und Tseuzier. Der Inhalt beträgt etwa 50 Millionen m^3. Das Kraftwerk erzeugt 153 Mio kWh und umfasst eine obere Stufe (Kraftwerk von Croix) und eine untere Stufe (Kraftwerk von St-Léonard). Dieses ganze Tälchen wird von einer imposanten Felswand begrenzt, die von Sixdes-Eaux-Froides, Schnidehorn und Wetzsteinhorn überragt wird. Wenn man von der kleinen Hütte *Lourantse* zum Pass emporschaut, scheint kein Übergang möglich zu sein. Dennoch erklimmt ein Pfad einen Geröllhang, zieht sich am Fusse eines hohen, fast senkrechten Felsens hin, drängt sich durch ein Kamin und erreicht die eigenartige kleine Hochfläche von *Armeillon.* Der Aufstieg setzt sich über *Les Hors* fort. Noch einige Felsen, und man stösst am Eingang eines langen, horizontal verlaufenden Tälchens hinaus. Dies ist *Plan-des-Rosses,* was magern und steinigen Boden bedeutet. Der *Rawilpass* (Zufluchtshütte) bildet einen breiten Einschnitt zwischen Mittaghorn und Rohrbachstein und ist durch ein grosses Kreuz gekennzeichnet. Östlich befindet sich auf 2793 m die Wildstrubelhütte. Die ganze Hochfläche besteht aus Tertiärgestein. Der Abstieg erfolgt am Hang auf der Bernerseite. Der Weg führt an einem kleinen Seelein vorbei, erreicht die *Blattihütte* und zieht sich durch Felsen oberhalb der Ebene von *Iffigen*. Dort befindet sich ein Gasthaus, wo man übernachten kann. Eine Strasse führt nach Lenk.

Man kann die Wanderung auf dem Pass abbrechen und auf dem gleichen Weg nach Sitten zurückkehren, oder von der Staumauer von *Tseuzier* dem linken Rande des Tales der Liène folgen und über die Alp *Vatseret* nach dem *Pas-de-l'Ours* und von dort über *Crans* nach *Montana* gelangen, oder nach Lens-Icogne, indem man am Fuss der grossen Wand vor dem Aufstieg zum Pas-de-l'Ours den Weg nach rechts wählt. Der grösste Teil des Abstiegs führt durch den Wald.

29 Sitten–Ayent–Crans-Montana

Route	Höhe in m	Hinweg	Rückweg
Sitten/Bf.	491	–	4 Std.
Botyre	978	2 Std.	2 Std. 15 Min.
Lens	1128	3 Std. 30 Min.	45 Min.
Crans-Montana	1476	4 Std. 30 Min.	–

Die Route ist markiert.

Dank der neuen Strasse, die *Sitten* mit *Crans-Montana* verbindet, konnte auf dieser schönen Strecke ein Postautokurs eingerichtet werden. Die Strasse dringt in das Tal der Sionne ein und erreicht den Weiler *Champlan*. Von dort nach *Grimisuat* kann man einem Weg nach links folgen, der einem Kamm entlang führt. Die Gemeinde Grimisuat zählt 1691 Einwohner (1980). Prächtiger viereckiger Turm aus dem 13. Jh. Die Barockkirche stammt aus dem 17. Jh. und wurde 1849 vergrössert. Glockenturm aus dem 18. Jh. Um die Strasse zu meiden, kann man bei einem Teich am Nordausgang des Dorfes einen Weg einschlagen, der bis zu den Dörfern *Blignou* und *Botyre* leitet. St. Martins-Kapelle aus dem 18. Jh. mit schönem Rokoko-Altar. Unterhalb der Kapelle steht ein altes Haus im Stil des Unterengadins: doppelwandig, aussen Mauer, innen Holz, kleine Fenster. In der Umgebung von Botyre blüht auf den Wiesen eine sehr seltene gelbe Tulpe. Kurz nach dem Dorf verlässt man die Strasse nach Tseuzier und folgt derjenigen nach rechts. Sie durchstreift das Dorf *Luc* (vom keltischen Wort louc = Wald) und zieht sich der Flanke des Hügels entlang zu den Fichtenwäldern, die den

Talgrund überziehen. Der Fluss grub sich eine tiefe Schlucht, die man auf einer zierlichen Betonbrücke quert. Kurz nachher zweigt bei grossen Gletscherablagerungen eine Nebenstrasse nach links ab und leitet zu einem Kraftwerk mit Staubecken. Bald verlässt man diese wilde Natur und stösst auf einen fruchtbaren Hang hinaus, an dem sich das hübsche Dorf *Icogne* sonnt. Der Hügel von Châtelard, überragt von seiner grossartigen Christus-Statue, fesselt den Blick. Das grosse Dorf *Lens* ist in einem passähnlichen Gelände gelegen. Seine Kirche stammt aus dem Jahre 1843, der gotische Glockenturm von 1537, das prächtige Pfarrhaus von 1837. Das Gemeindehaus von 1580 war ursprünglich eine Sust. Über der Eingangstüre befindet sich eine von A. Muret gemalte Glasscheibe mit einer Jagdszene. Grosser Saal mit auffälligen Balken. In diesem schönen Dorfe wohnte der Schriftsteller C. F. Ramuz. Aus einigen seiner Werke spricht deutlich die Walliser Eigenart. Die Gemeinde Lens umfasste früher ein weites Gebiet, das von der Rhoneebene bis zu den Berner Alpen reichte. Montana-Dorf mit 1908 Einwohnern und Chermignon mit 2170 Einwohnern haben sich getrennt, ebenfalls Icogne mit 288 Einwohnern, blieb jedoch in der Kirchgemeinde Montana. Lens zählt 2412 Einwohner (1980). Zahlreiche Weiler an den untern Hängen werden von den Bewohnern der obern Dörfer während der Arbeiten in den Reben bewohnt. Das Gebiet wird von drei Wasserfuhren berieselt: Bisse von Ro, Lens und St-Léonin. Von Lens führt die Strasse am See von *Louché* vorbei, zieht sich durch Wiesen und Wälder und stösst auf die Hänge oberhalb Icogne hinaus. Wunderbare Aussicht auf das weite Rhonetal bis in die Gegend von Martigny. Gegenüber das Gebiet von Ayent mit seinen Rebbergen, Dörfern und den Wäldern mit zahlreichen Rodungen für die Maiensässe. Darüber breitet sich die schöne Hochebene der Alpweiden von Tsalan, Serin und Duez aus. Man erblickt die Felsen des Rawilhorns, von wo sich 1946 die Bergsturzmasse löste. Hier und dort kann man auf magerem Erdreich Goldregenbüsche bewundern, deren Zweige der geringern Verdunstung wegen keine Blätter tragen. Nachdem die Strasse sich scheinbar dem Pas-de-l'Ours zugewendet hat, erreicht sie überraschend die Hochebene von *Crans-Montana*.

Der Pfinwald

Siders–Crans-Montana
Karte 4

Siders

Die malerische Stadt mit 13 050 Einwohnern (1980) liegt dem Eingang ins Eifischtal gegenüber. Die zahlreichen Hügel verleihen dieser Landschaft ein eigenes Gepräge. Es sind die Reste eines riesigen Bergsturzes, der das Tal etwa 17 Kilometer weit bedeckte. Die Masse löste sich unter der Varneralp, vielleicht auch höher, zwischen den Tälern der Raspille und der Dala. Die Abbruchstelle ist gut sichtbar, sowie auch die Rutschfläche, eine mehrere Quadratkilometer grosse Kalkplatte nördlich des Dorfes Salgesch. Dieser Bergsturz erregte schon seit langer Zeit das Interesse der Geologen. Die neuste Arbeit stammt von M. Burri, dessen Schlussfolgerung lautet: Der Bergsturz ereignete sich wahrscheinlich nach dem Rückzug des Rhonegletschers, oder vielleicht schon zur Zeit, da der Talgrund noch mit Eis bedeckt war. Alsdann durchbrach der Fluss die herabgestürzte Masse, und durch den Rückzug des Gletschers aus dem Eifischtal bildete sich ein See. Der Durchbruch dieser Sperre hatte die Einmündung von vier aufeinanderfolgenden Flussläufen zur Folge, was ein Überschwemmen der Ebene unterhalb Siders bewirkte, worauf sich in den Niederungen der See von Géronde und die kleinen Seen bildeten.
Diese Hügel von Siders und Umgebung bringen grosse Abwechslung in die Landschaft. In früherer Zeit waren sie günstig zur Verteidigung. Zu diesem Vorteil kam noch die Milde des Klimas; deswegen war die Gegend schon in der Bronze- und Eisenzeit bewohnt. Zahlreiche Gräber und verschiedene Gegenstände wurden gefunden, besonders in Géronde. Im Laufe der Jahrhunderte vermehrten sich die Schlösser. Dasjenige von Planzette wurde zu Anfang des 12. Jh. erbaut und im 14. Jh. zerstört, Alt-Siders stammt aus dem 13. Jh. und wurde gegen 1350 zerstört. Es bestehen noch Ruinen. Das Schloss von Goubing stammt aus dem 13. Jh. und ist seit 1921 in Besitz der Familie Rham, und das Schloss von Ravouire aus dem Ende des 19. Jh. Der breite Hügel von Géronde war der Platz des ursprünglichen Siders und des bischöflichen Schlosses, das in der Mitte des 14. Jh. wiederaufgebaut und zur Zeit des Raron-Krieges zerstört wurde. Aus den Ruinen ist noch die allgemeine Anlage ersichtlich. Kirche und Kloster waren von 1331 an besetzt von Kartäusern, Karmelitern und Jesuiten. Danach war das zur Diözese gehörende Seminar dort untergebracht, später eine Taubstummenanstalt, und seit 1935 bewohnen es Bernhardiner Nonnen. Die Kirche stammt aus dem 15. Jh. Das Schloss Mercier auf Pradegg wurde im Jahre 1908 von H. Chabloz erbaut.
Die heutige Stadt liegt zwischen den Hügeln und weist ein malerisches

Gemisch von städtischen Steingebäuden und Holzhäusern auf. Das kommt daher, weil die Bewohner des Eifischtales Rebberge und Wiesen in Siders erwarben und entweder in der Stadt, oder in Glarey, Villa und Muraz Häuser bauten. Von den interessanten Gebäuden in der Stadt nennen wir das Schloss von Villa aus dem Anfang des 16. Jh., 1942 geschmackvoll als Wohnsitz erneuert. Es wurde unter anderem ein Kostprobenzentrum der besten Weine und Landesprodukte, beherbergt ein Waffenmuseum und einen Saal zu Ehren des Dichters R. M. Rilke. Auch finden regelmässig Bilder-Ausstellungen statt. Das Schloss der Vindomnes aus dem 12. Jh. mit dickem, viereckigem Turm, dessen obere Ecken von vier Türmchen flankiert sind. Das Hôtel-Château-Bellevue, 1658 von J. Fr. de Courten erbaut, 1885 als Hotel eingerichtet. Die Hauptfassade weist einen toskanischen Doppelsäulengang mit Türmchen auf. Das Gebäude ist heute, im Besitz der Gemeinde, in ein Rathaus umgewandelt und beherbergt alle administrativen Dienste. Die Barock-Pfarrkirche, 1649 erbaut und mehrmals vergrössert und erneuert. Die dem heiligen Theodul geweihte Kirche von Marais aus dem Jahre 1422, deren rechteckiges gotisches Chor von Netzgewölben mit Rippen überdacht ist und Tuffsteinsäulen ohne Kapitäle aufweist.

Des günstigen Klimas und der schönen Landschaft wegen wurde Siders zu einem sehr geschätzten Ferienort. Seine komfortablen Hotels und die zum Kampieren geeignete Umgebung verzeichnen immer grössern Erfolg. Von Siders aus können zahlreiche Spaziergänge unternommen werden: auf den Hügel mit dem hübschen Eichenwald dem Bahnhof gegenüber, zum neuen, originellen Friedhof, und etwas weiter entfernt zum See von Géronde und den kleinen Seelein mit den Schwänen. Wenn man der Kantonsstrasse folgt, stösst man jenseits der Rhonebrücke auf eine Menge Hügel, die mit Fichten bestanden sind. Dazwischen bilden schilfbekränzte Seen einen schönen Gegensatz zu der trockenen Umgebung. Man kann auch über Villa nach Corin emporsteigen, von dort den darüberliegenden Kessel erreichen, die Abrisstelle eines ehemaligen Erdrutsches, und über den Weiler Loc zurückkehren.

Der Hügel von Géronde fällt steil zum Ufer des heutigen Rhonebettes ab, wo man eine Reihe Höhlen erblickt, wahrscheinlich das Werk von Menschen. Der Zugang ist sehr schwierig, da durch die Flusserosion das Ufer fast senkrecht abfällt. Früher konnte man auf Pfaden dazu gelangen, die als schmale Gesimse der noch weniger schroffen Wand entlang führten.

30 Siders–Cordona–Venthône–Siders

Route	Höhe in m	Hinweg	Rückweg
Siders/Bf.	533	–	4 Std. 10 Min.
Cordona	1244	2 Std. 30 Min.	2 Std. 30 Min.
Venthône	799	3 Std. 30 Min.	1 Std.
Siders/Bf.	533	4 Std. 10 Min.	–

In *Siders* schlägt man die Strasse nach Montana ein und folgt ihr bis auf die Höhe des Dorfes *Veyras,* wo man nach rechts auf eine Nebenstrasse abzweigt, die am Schlossturm von *Musot* vorbeiführt. Er stammt aus dem 13. Jh. und wurde 1921 unter der Leitung von W. Reinhart erneuert und für den Dichter Rainer Maria Rilke hergerichtet (1921–1926). Kapelle Marias Opferung aus dem Jahre 1781. Das Dorf Miège zählt 634 Einwohner und liegt in einem Tälchen, eingeengt zwischen zwei Hügeln, die vom Bergsturz von Siders herrühren. Die Kirche wurde 1887 erneuert und 1932 vergrössert. Man folgt dem Weg, der nordostwärts ansteigt. Bei einer Gabelung unter dem Wald wendet man sich nach links und steigt direkt in den Wald empor. Ein neuer Weg linker Hand soll nicht gewählt werden. Beim Bergbach Raspille befindet sich überraschenderweise eine Kapelle. Einsam steht sie im Walde, ist Wallfahrtsort und enthält einfache Weihbilder aus Papier.

Der Weiler *Cordona* liegt mitten an einem Grashang. Er setzt sich aus zwei Gruppen kleiner Berghäuschen und der St. Gotthard-Kapelle zusammen, die im 18. Jh. erneuert wurde.

Der Abstieg erfolgt in westlicher Richtung. Man quert den Bach Raspille und gelangt auf geteerter Strasse um die hauptsächlich mit Fichten bestandene Waldkuppe herum auf die kleine Wieseninsel *Planige* hinab. Eine angenehme Strasse leitet nach *Venthône.* Das Dorf zählt 634 Einwohner und liegt auf einer kleinen Hochfläche am Hang, der von Siders zum Mont-Bonvin ansteigt. Die äusserst günstige Lage, das milde Klima und die Fruchtbarkeit des Bodens trugen dieser Gegend den Namen ‹Noble-Contrée› ein. Die zwei bemerkenswertesten Gebäude von Venthône sind die gotische Kirche aus dem Jahre 1667 mit reicher barocker Ausstattung und einem Glockenturm von 1775 mit achteckiger Spitze, sowie das Schloss der Herren von Venthône, 1268 erwähnt, in bemerkenswert interessantem Stil. Es wird heute als Gemeindehaus benützt. Als Pfarrhaus dient der alte Turm Vareilli, der seit dem 13. Jh. bekannt ist. Die Strasse führt nach *Les*

Anchettes, dem Sitz der Herren von Platea, später der Familie de Preux. Das Gebäude wurde im 17. Jh. teilweise erneuert und vergrössert. Es besitzt einen Hof mit Arkaden und eine Kapelle Notre-Dame-du-Mont-Carmel aus dem Jahre 1649. Man steigt nach *Veyras* hinunter. Franz von Assisi-Kapelle und neuzeitliche Kirche aus dem Jahre 1948. Hernach erreicht man das langgestreckte, auf einer Hochfläche gelegene Dorf *Muraz.* Die Häuser gehören zum grossen Teil Bewohnern, die von St-Luc und Chandolin im Eifischtal stammen, und werden während der Arbeiten in den Reben bewohnt. Viele Leute nehmen heute dort festen Wohnsitz und verlassen die Berge. St. Martin-Kapelle aus dem Jahre 1854. Auf diesem Streifzug besucht man auch noch das Schloss Mercier in Pradegg, das 1908 vom Architekten A. Chabloz aus Genf erbaut wurde und dessen Zugänge den Sommer über in reichem Blumenschmuck prangen.

Abzweigungen

a) Bei der Kapelle unterhalb Cordona nehmen zwei Wasserfuhren am Ufer des Baches Raspille ihren Ursprung. Um zurückzukehren, kann man der obern Bisse folgen, jedoch nicht der untern. Man quert einen felsigen Hang, den kärglich bestandenen Flottuwald im Rutschgebiet des Bergsturzes von Siders, bis zum Bergbach Gulantschi, von wo man nach Salgesch absteigt (1 Std. 45 Min.).

b) Man folgt der Bisse bis ins Dorf Varen (2 Std.). Postauto nach Siders. Auf einem Abstecher kann man Salgesch erreichen (40 Min.).

103 Siders. Weinbauern aus dem Eifischtal arbeiten in den Rebbergen ihrer Bürgerschaft zu den Klängen der Pfeifer und Trommler (Routen 30–32)

Weinlese

31 Siders–Salgesch–Leuk

Route	Höhe in m	Hinweg	Rückweg
Siders/Bf.	533	–	2 Std. 45 Min.
Salgesch	581	1 Std.	1 Std. 45 Min.
Varen	760	2 Std.	1 Std.
Leuk/Bf.	624	3 Std.	–

Diese Wanderung ist besonders im Frühling und im Herbst angenehm und reizend. Wir empfehlen sie den Gästen von Siders und Leuk.
Vom Bahnhof *Siders* (13 050 Einwohner) folgt man der Kantonsstrasse bis nach *Glarey*. Nach dem Überschreiten der Eisenbahnbrücke schlägt man eine Strasse nach links ein, die sich zwischen den Bergsturzhügeln hinzieht. Am Eingang des Dorfes Salgesch kann man noch den *Hubil* besteigen (Pt. 620,1), wo sich eine heidnische Opferstätte befand, was Funde aus der Stein- und Römerzeit beweisen. Längs des Aufstiegs reihen sich die Stationen des Kreuzweges mit Schnitzereien. Muttergottes-Kapelle der Sieben Schmerzen mit einem Barockaltar und schönem Bild aus dem 17. Jh. Wallfahrtsort. Reizvoller Blick auf die Rhone, welche völlig frei dahinströmt.
Salgesch ist ein Dorf und eine Gemeinde deutscher Sprache und zählt 1089 Einwohner (1980). Es sind dort noch Reste eines viereckigen Turmes zu sehen, Überbleibsel eines Priorates und Hospizes der Johanniter Ritter von Jerusalem. Es wurde im 16. Jh. aufgegeben, und seine Habe ging an Kaspar Stockalper von Brig über. Das erste Hospiz auf dem Simplon war eine Gründung derselben Ritter. Das Dorf Salgesch liegt gut geschützt in einer Mulde, und darüber dehnt sich ein Weinberg, dessen Ertrag berühmt ist. Besonders bekannt sind die Rotweine Dôle und ‹rouge d'enfer›.
Bis nach *Varen,* das 614 Einwohner zählt (1980), benützt man die Strasse. Das Dorf liegt auf einer Kanzel über den Kalkfelsen, die 100 m zum Rhoneufer abstürzen. Von der Kirche aus dem 18. Jh. steht nur noch der Glockenturm. Vieles ist neuzeitlich, aber der Blick auf den Pfinwald ist so prächtig, dass sich ein Halt lohnt. Sehenswert ist das Haus Julier von Badenthal aus dem Ende des 18. Jh. mit wappenbemaltem Balkon, schmiedeisernem Treppengeländer und Empire-Türen. Man überblickt den alten Rhonelauf, den grossen Schuttkegel von Pfin, den Schuttkegel von Rottensand, den die Rhone gebildet hat, und die Bergsturzhügel von Siders. Dies ist der günstigste Aussichtspunkt, um die Landschaft der Fichtenwälder zu betrachten, die eine natürliche Grenze zwischen dem Mittel- und Oberwallis

bilden. 1799 setzten die Oberwalliser den Franzosen einen hoffnungslosen Widerstand entgegen, der tragische Folgen hatte. Die Franzosen verbrannten das Dorf, und es wurde aus Stein wieder aufgebaut.
Die tiefe Schlucht der Dala trennt Varen von Leuk. Wenig über der Rhone nähern sich jedoch die Felswände derart, dass es möglich war, eine Steinbrücke zu errichten. Ein mit Schiessscharten versehener Wachtturm aus dem 14. Jh. sicherte den Übergang. Glücklicherweise führt kein direkter Weg längs des Geleises zum Bahnhof von Susten. Man ist gezwungen, nach *Leuk-Stadt* emporzusteigen und kann diesen interessanten Ort besichtigen. Die Altstadt liegt auf einer Terrasse, von wo sie die Ebene beherrscht. Ausgezeichnete Verteidigungslage, die auch ausgenützt wurde. Man sieht dort noch das ehemalige Bischofsschloss, das von 1254 an erwähnt wird, im 15. Jh. der Zerstörung anheimfiel und 1457 neu aufgebaut wurde. Das einstige Schloss der bischöflichen Verwalter wurde 1543 erneuert. Es weist vier Wachttürmchen auf und wird heute als Rathaus benützt. Mehrere alte Häuser stammen aus dem 15. und 16. Jh. Die gotische Pfarrkirche besitzt einen romanischen Glockenturm mit achteckiger Spitze. Beim Abstieg zum Bahnhof *Susten* versäume man nicht, die Kirche von Ringacker aus dem Jahre 1694, das prachtvollste Barockgebäude des Wallis, zu besichtigen.

32 Siders–Flanthey–St-Léonard

Route	Höhe in m	Hinweg	Rückweg
Siders/Bf.	533	–	3 Std.
Flanthey	759	2 Std.	1 Std. 30 Min.
St-Léonard/Station	505	3 Std.	–

Wir beschreiben diese Wanderung, die nicht viel über die Ebene ansteigt, weil sie im Frühling oder Herbst, wenn die höhern Gebiete nicht zugänglich sind, von den Bewohnern und Gästen von Siders unternommen werden kann.
An diesem Hang sind in bezug auf die Besiedlung interessante Beobachtungen zu machen. Die Menschen liessen sich dort bis auf 1100–1200 m hinauf schon sehr früh nieder. Aber die höher gelegenen Siedlungen Lens, Chermignon und Montana-Dorf entwickelten sich am stärksten. Die untern

Dörfer Chelin, Flanthey, St-Clément, Ollon, Corin und Loc werden zum Teil von Leuten der obern Ortschaften bewohnt, die hinuntersteigen, um in ihren Rebbergen zu arbeiten. Sogar gewisse Bergbewohner des linken Rhoneufers besitzen Reben in diesem Gebiet, was deutlich zeigt, welch grosses Interesse die Bergleute den Reben und dem Wein entgegenbringen. Von *Siders* folgt man der Hauptstrasse in westlicher Richtung, schlägt alsdann die Strasse ein, die zum Spital hinaufführt, und quert die beiden kleinen Bergbäche Bonne Eau und Loquette, die sich etwas weiter unten vereinigen. Die zu gewöhnlichen Zeiten unbedeutenden Bäche schwollen im Januar 1955 infolge allzu reichlicher Regenfälle gewaltig an. Sie fliessen im obern Teil über schwarzen Schiefer und im Unterlauf über Glanzschiefer. Im Oberlauf waren sie gut eingedämmt, aber von der Kantonsstrasse bis zur Rhone war das Bachbett zu klein, da man glaubte, sie führten immer nur wenig Wasser. Nun stürzten sie aber so mächtig daher, dass die Erosion in diesem lockeren Boden überaus gross war. Das Überborden konnte nicht verhindert werden, und Reben und Kantonsstrasse wurden mit Geschiebe überdeckt.

Wir ziehen auf der Strasse bis nach Corin und *Corin-de-la-Crête*. Diese Weiler werden von den Bewohnern der obern Dörfer während der Arbeiten in den Rebbergen bezogen. Die Gebäude sind aus Stein wie diejenigen von Champzabe und Ollon, und erinnern an die Häuser am Südhang der Alpen. Man folgt weiter der Strasse und zweigt etwa 300 m vor der Schlaufe Pt. 828 auf einen Weg nach links ab, der über *Valençon* und *Condémines* nach *Flanthey* führt. Dorf mit zerstreut stehenden Häusern und einer Kirche. Hierauf erreicht man *Chelin,* von wo man durch den Weinberg nach *St-Léonard* absteigt.

Auf einem Hügel östlich des Dorfes findet man bei einer Steingrube Hahnenfuss (Ranunkel) mit grasartigen Blättern, eine Pflanze, die in der Schweiz nur an dieser Stelle vorkommt. Auf einem andern benachbarten Hügel entdeckte man bei Ausgrabungen Gegenstände aus der Steinzeit. Weiter unten, in der Mitte des Weinbergs, zieht man oberhalb einer Vertiefung durch, einer Art Erdtrichter, an dessen Grund sich der Eingang eines unterirdischen Sees befindet. Die Wasserfläche, deren Höhe je nach den Jahreszeiten wechselt, weist eine mittlere Länge von 200 m und eine Breite von 15 m auf. Die Niveauunterschiede können 3 bis 5 m erreichen. Dieser See wird von Wasserfuhren gespiesen, und die Entstehung der Höhle ist auf Zersetzung der Gipsfelsen zurückzuführen. Der unterirdische See mit seiner Beleuchtung lockt viele Besucher an, die von einer Barke aus diese Sehenswürdigkeit bestaunen.

Crans-Montana: Die Luftseilbahn
Violettes–Plaine-Morte über dem Grat
von Tubang; im Hintergrund das
Mont-Blanc-Massiv (Route 35)

Montana-Crans

Der grosse Erfolg von Crans und Montana rührt vom Anfang des 20. Jh. her. Vorher wussten die Walliser diese schöne Hochebene nicht zu schätzen, da sie glaubten, in einer Höhe von 1500 m keine Dörfer bauen zu können. Chermignon und Montana-Dorf waren 300 bis 400 m weiter unten entstanden, und die Hochebene wurde für vorübergehende Maiensäss-Wohnungen, kleine, zerstreut liegende Berghäuschen, vorbehalten. 1892 erstellten dort zwei Gastwirte von Siders, Antille und Zufferey, das Hôtel du Parc. Im Jahre 1897 beschloss Dr. Theodor Stephani, seine Kranken dorthin zu bringen. Die Schönheit dieser weiten, mit Seelein und ausgedehnten Fichtenwäldern geschmückten Terrasse war ihm aufgefallen und für nicht anstrengende Spaziergänge geeignet erschienen. Man geniesst dort eine unvergleichliche Aussicht auf das Rhonetal und die Gipfel der Walliser Südalpen vom Mont-Blanc bis zum Simplon. Äusserst sonniges Klima, trockene Luft, wenig Regen, selten Nebel und Gewitter. Dies alles trug zum Erfolg des Unternehmens von Dr. Stephani bei. Aber es gab viele Probleme zu lösen. Da keine Strasse bestand, musste man mit dem Wagen bis nach Corin fahren und von dort etwa zwei Stunden weit einem Saumweg folgen. Es gab keine Post, kein Telefon und keine Läden. Dazu war das Verhalten der Einheimischen sehr misstrauisch und feindselig. Mit viel Mut, Beharrlichkeit und heldenmütigen Anstrengungen überwand Dr. Stephani all diese Schwierigkeiten und eröffnete 1899 das Sanatorium Beauregard. Der Anfang war gemacht, der Ort gestaltete sich, und Sanatorien, Gasthöfe und Berghäuser nahmen zu. Eine Strasse und eine Drahtseilbahn verbinden heute die Ortschaft mit Siders, und eine andere Strasse führt nach Sitten. Die Kurorte Montana und Crans verfügen nunmehr über 5000 Hotelbetten und mehr als 1500 Betten in Chalets und Ferienwohnungen. Auf der ganzen Hochfläche wurden unzählige Chalets mit möblierten Wohnungen erstellt, die eine Menge Leute aufnehmen, welche von dieser Gegend entzückt sind. Nachdem Dr. Stephani, der heldenmütige Bahnbrecher, bittere Früchte geerntet hatte, konnte er sich endlich am Erfolg seines Werkes freuen. Er starb 1951 in seinem 82. Lebensjahr. Es ist angebracht, hier an den Gründer der Orte Montana und Crans zu erinnern.

In diesem Buch sind nur einige Touren beschrieben, doch ist die Gegend ein wunderbares Wandergebiet. Auf der Exkursionskarte von Crans-Montana und Umgebung finden sich über 40 Wandervorschläge. Das linke Rhoneufer gegenüber bietet ebenfalls eine grosse Zahl von Touren ins Val d'Anniviers und nach Vercorin (siehe Wanderbuch 12).

33 Montana-Crans–Tseuzier

Route	Höhe in m	Hinweg	Rückweg
Montana	1495	–	3 Std.
Pas-de-l'Ours	1480	35 Min.	2 Std. 30 Min.
Tseuzier	1808	3 Std. 30 Min.	–

Die Route ist markiert.

Von *Montana* folgt man der Strasse über *Crans* bis zum Pas-de-l'Ours, einer Art Einschnitt im bewaldeten Grat, der die Hochfläche von Montana-Crans und den linken Hang des Tals der Liène begrenzt. Freier Blick über den ganzen obern Teil des Tals mit seinen riesigen, von Felswänden unterbrochenen Nadelholzwäldern. Der Name Pas-de-l'Ours rührt von der Tatsache her, dass die wilden Tiere, vor allem der Bär, diesen bequemen Übergang benützten. Von dort weg gibt es keinen ebenhin führenden Pfad. Unsere Vorfahren, die keine Sprengmittel kannten, wussten diese Felsen zu meiden und geschickt zu umgehen. So steigt man denn vom *Pas-de-l'Ours* am Fuss der ersten Wand 83 m ab und trifft auf den Alpweg von Icogne und Lens her. Nun steigt man wieder 62 m an, hernach 102 m abwärts in die Schlucht der Ertentse. Nach 300 m zweigt der Weg nach rechts ab und führt zu den Maiensässen von Comalire hinauf. In einer Lichtung oberhalb der höchstgelegenen Hütte befindet sich ein schöner Platz mit weisser Goldwurz, einer südlichen, hauptsächlich in Griechenland beheimateten Pflanze, die in der Schweiz sonst nur noch an einigen Orten im Massatal vorkommt. Man kann sich nicht erklären, wie sie an diese einzigen Stellen in die Schweiz gelangt ist.

Unser Weg steigt weiter durch den Wald hinan und führt über *Mayentset* zur Alphütte von *Vatseret,* die der Gemeinde Icogne gehört. Um nach *Tseuzier* zu gelangen, muss man einen kleinen Pfad oberhalb der Hütte suchen. Er drängt sich durch die Wände des Riegels von Tseuzier, indem er eine dünne Schicht weicheren Gesteins benützt. Plötzlich erblickt man die Alpweiden von Tseuzier und des Rawil. Ein grosser Teil davon ist von einem Stausee überflutet. Der Gegensatz zwischen dieser lieblichen Landschaft und den ungeheuren Felswänden der Umgebung ist auffallend.

Für die Fortsetzung zum Rawilpass (2 Std. 30 Min.) und nach Lenk siehe Route 28.

Nebenroute

Icogne–Assa–Tseuzier. Tseuzier kann man auch vom Dorf Icogne aus erreichen. Man steigt nach Assa empor und trifft dort auf den breiten Weg, der von Lens herkommt, von wo man auch ausgehen kann. Der Weg führt nun ebenhin durch den grossen *Forêt-des-Tsans,* steigt 200 m an und mündet am Fusse der Felswand in den Weg von Montana-Crans (1 Std. 30 Min.). Siehe Route 33.

34 Montana–Bisse von Ro–Er-de-Lens

Route	Höhe in m	Hinweg	Rückweg
Montana	1495	–	3 Std. 15 Min.
L'Ertentse	1733	3 Std.	20 Min.
Er-de-Lens (La Cave)	1873	3 Std. 30 Min.	–

Diese Tour kann nur von Personen unternommen werden, die absolut schwindelfrei sind und eine gewisse Erfahrung im Fels haben; vor allem muss der Boden trocken sein. Infolge des Erdrutsches im Frühling 1975 ist dieser Weg schwer zu begehen, doch besteht ein Projekt, den frühern Lauf der Bisse von Ro nächstens wieder herzustellen. Es ist ratsam, sich vor der Tour über dieses Wegstück zu erkundigen.
Man folgt dem Weg, der von *Plans-Mayens* zum Austritt der Bisse auf die Hochfläche führt. Sie wird auch Bisse von Luyston und Bisse von Montana genannt, entspringt im Tälchen der Ertentse auf 1700 m und quert kühn verschiedene Felswände. Man bewundert den Scharfsinn der Bergbewohner, welche diese Leitung ohne Sprengstoff und die heute verfügbaren technischen Mittel erstellt und wunderbar den verschiedenen Felsen angepasst haben, die überwunden werden mussten. Gewisse überhängende, sehr schmale Stellen ohne Abschrankung müssen gebückt oder sogar auf den Knien überwunden werden, was für empfindsame Menschen beängstigend ist. Auf einem Felsen ist folgende schöne Inschrift zu lesen: Dieu bénit le travail et protège ceux qui l'aiment. (Gott segnet die Arbeit und schützt die, welche ihn lieben.)
Um die Wassermenge zu vermehren und Trinkwasser nach Crans-Montana zu führen, wurde die Bisse im Jahre 1947 durch einen Tunnel geleitet. Der

Weg längs der stillgelegten Wasserfuhre bleibt begehbar und ist als origineller Wanderweg interessant aber gefährlich. Die Aussicht von dort auf das Tal der Liène ist prachtvoll. In der Nähe der Wasserfassung blühen Lilien in grosser Menge.

Wir steigen ein wenig durch das Tälchen der *Ertentse* hinauf, das am linken Rand von hohen Felsen gesäumt wird. Rechtsufrig dehnen sich die Grashänge der Weiden von Chermignon und Mondralèche. Im obersten Teil wird es von stufenförmigen Felswänden abgeschlossen und bildet den regelmässigen Zirkus der Alp *Er-de-Lens*. Wir brechen hier die Wanderung ab und kehren auf demselben Weg zurück. So kann man gut auf die Einzelheiten dieser bemerkenswerten Wasserfuhre achten und ihre ganze Bedeutung zu erfassen suchen.

Nebenroute

Er-de-Lens–Col-de-Pochet–Bella-Lui–Montana. Über einen Geröllhang empor erreicht man in 2 Std. den *Col-de-Pochet* und *Bella-Lui,* oder man steigt zur *SAC-Hütte Violettes* und nach *Montana* ab.

35 Montana–Mont-Lachaux–Bella-Lui

Route	Höhe in m	Hinweg	Rückweg
Montana/Station	1495	–	5 Std.
Mont-Lachaux	2140	1 Std. 45 Min.	3 Std. 45 Min.
Bella-Lui	2543	3 Std.	3 Std.
SAC-Hütte Violettes	2204	3 Std. 45 Min.	2 Std.
Montana/Station	1495	4 Std. 50 Min.	–

Zwei Kabinenbahnen führen von *Crans-Montana* nach Cry-d'Er (2258 m), von wo eine Luftseilbahn nach Bella-Lui (2543 m) leitet.
Für die Wanderer bestehen verschiedene Wege. Wir wählen die Strasse, welche vom Teich von *Grenon* aus nordostwärts nach *Vermala* führt. Von dort folgt man einem Pfad durch den Wald bis nach *Clavan* und weiter nach *Mont-Lachaux* (Restaurant). Der Grashang wird schmaler und läuft in einen Grat aus, auf dem *Cry-d'Er* liegt. Der höchste Punkt des Grates (2543 m) trägt den wohlverdienten Namen *Bella-Lui* (= belle pente = schöner Hang). Die Aussicht ist tatsächlich überwältigend. Das Auge schweift fast über das ganze Mittelwallis und einen grossen Teil des Oberwallis. Das Rhonetal mit all seinen Seitentälern erscheint wie ein weitverzweigtes Becken, das man mit einem einzigen Blick umfängt. Auch auf die Kette der Walliser Südalpen vom Mont-Blanc bis zum Monte Leone ist die Aussicht grossartig. Längs des ganzen Grashanges kann man die Pracht der Kalkalpen-Flora bewundern. Die Botaniker entdeckten dort einen sehr seltenen und schwierig zu findenden Steinbrech (Saxifraga cernua).
Man kann auf den 43 m tiefer liegenden *Col-de-Pochet* absteigen, von dort zur *SAC-Hütte Violettes,* über die Alp *Pépinet* und dem Weg und weiter unten der Strasse entlang nach *Vermala* und *Montana* gelangen. Als Neuheit für Crans-Montana erwähnen wir die Kabinenbahn von Les Violettes nach dem Glacier Plaine-Morte (3000 m): Länge 3200 m, Höhenunterschied 750 m, Stundentransport 500 Personen, zudem den Skilift von Marolires: Länge 650 m, Höhenunterschied 120 m, Stundentransport 600 Personen.

Frühlingsanemonen

36 Montana–Le Sex–Varneralp

Route	Höhe in m	Hinweg	Rückweg
Montana	1495	–	3 Std. 30 Min.
Le Sex (Raspille)	1878	2 Std. 30 Min.	1 Std. 30 Min.
Varneralp	2146	4 Std.	–

Die Route ist markiert.

Von *Montana* folgt man der Strasse, die in nordöstlicher Richtung abwärts führt. Nach 4 km verlässt man sie und biegt auf einen Weg nach links ab, der in den Wald eindringt. Plötzlicher Wechsel von städtischen Gebäuden und Stadtleben zu den Häusern der Bergbewohner und ihrer Lebensweise, die sich seit Jahrhunderten gleich geblieben ist. Viele Fichtenwälder, Wiesen- oder Weideinselchen mit kleinen Häuschen, typischen Maiensässwohnungen, die nur zeitweise bewohnt werden. Schöne und interessante Landschaft für Menschen, welche gern die Lebensart der Bergbauern kennen lernen. Die Ortschaften Montana und Crans entwickelten sich auf der weiten Hochfläche, die viel anziehender ist als die Maiensässhänge. Bei *Barzettes* gelangt man zu einer Wasserfuhre, der man bis in das Tälchen von Sinièse folgt. Nun führt unser Weg zu den Maiensässen von *Ploumachit* hinunter, steigt aber glücklicherweise sofort wieder zur Bisse empor; denn die Wanderung über die ausgedehnten Maiensässe von *Aprîli* ist wunderbar. Dort befinden sich die höchstgelegenen, vorübergehend bewohnten Stätten (1860 m) des in diesem Wanderbuch beschriebenen Gebietes. Man quert den Wildbach, der hier Tièche heisst, während er weiter unten den Namen Raspille führt.

Der Aufstieg unterhalb *Le Sex,* einem grossen Felsen mit zerrissenen Kalkschichten, weist zu Anfang des Sommers eine grossartige Flora auf. Wir steigen ein wenig rechts hinan und halten bei dem kleinen Berghäuschen von Le Sex an. Das Tälchen bildet einen Kessel, der im Westen vom Mont-Bonvin, im Osten vom Trubelstock und im Norden vom einsamen Tälchen Les Outannes abgeschlossen wird, hinter dem sich die Gletscher der Plaine-Morte und des Wildstrubels verbergen. Von allen Seiten fliessen Bäche herab und vereinigen sich mit dem jungen Fluss, der von Fall zu Fall hüpft und über die Alp sprudelt. Wie erquickend ist es doch, an einem schönen Morgen von Crans-Montana dort hinaufzusteigen, diesen blumenreichen Kessel auszukundschaften und am Abend zurückzukehren! Ahnen wohl die Gäste von Crans-Montana, was ihnen diese Natur schenken könnte?

Um die Wanderung noch länger und schöner zu gestalten, wandert man von der Hütte Le Sex ostwärts weiter und verlässt dieses Vorgelände auf einem kleinen Pfad, der sich durch vereinzelt stehende Lärchen zieht und alsdann ebenhin dem Hang von *Châteaunié* folgt, wo drei Sennhütten gestaffelt stehen. Weiter oben scheint ein Vorsprung den Weg zu versperren. Wenn man jedoch ein wenig sucht, entdeckt man gegenüber der mittleren Hütte einen Weg, der auf die grosse *Varneralp* mit den Hütten von Planitschat und Planigrächti auf der obern Hochfläche leitet (2228 m), wo man Wasser findet. Man geht ostwärts bis zum Rand der ungeheuren Felswand, die Leukerbad um etwa 800 m überragt. Welch eindrucksvolles Relief! Die Varneralp gehört der Gemeinde Varen, besitzt 12 Hütten und kann mit 180 Stück Grossvieh bestossen werden. Die Rundsicht, die einen dort oben erfreut, ist sehr umfassend und umschliesst den grössten Teil des Wallis. Man kann über *Plammis* und *Chäller* nach *Varen* absteigen und von dort nach *Salgesch* oder *Leuk-Susten.* Der Höhenunterschied beträgt 1400 m (4 Std.). Der Hang des riesigen Varnerwaldes ist jedoch sehr steil und ermüdend, und wir empfehlen deshalb, auf dem gleichen Weg nach Montana zurückzukehren.
Abstieg von Plammis nach Leukerbad siehe Route 37.

Nebenroute

Aprîli–Aminona–Mollens 1 Std. 45 Min. Wenn man nicht nach Montana zurückkehren will, schlägt man zuoberst, mitten am Hang der Maiensässe von *Aprîli,* einen Pfad ein, der abwärts führt und malerischer ist als die neue Forststrasse. Man gelangt nach *Crêta-d'Asse* (1729 m) und durch den Wald nach *Aminona* (1456 m). Hier entsteht ein neuer Kurort, der schon drei originelle Wanderungen zu bieten hat, und weitere Projekte harren der Verwirklichung. Von Aminona aus führt eine Luftseilbahn auf den Petit-Bonvin. Eine geteerte Strasse verbindet Aminona mit Montana, und eine andere steigt vom Dorfe Mollens auf die Höhe der Maiensässe von Aprîli empor, ein weites Gebiet, günstig zum Skifahren.
Weiter in südwestlicher Richtung über *Les Echerts* nach *Mollens* (1075 m) und mit dem Postauto nach Siders.

37 Montana–Chällerflüe–Leukerbad

Route	Höhe in m	Hinweg	Rückweg
Montana	1495	–	6 Std. 20 Min.
Ploumachit	1727	1 Std. 20 Min.	5 Std. 10 Min.
Plammis	2146	4 Std.	3 Std.
Chällerflüe	1764	4 Std. 40 Min.	1 Std. 50 Min.
Leukerbad	1401	6 Std. 20 Min.	–

Von Crans-Montana führt eine Strasse durch Feld und Wald über Barzettes und Comogne nach *Ploumachit*. 100 Meter weiter ansteigend, erreicht man die Bisse von Tsittoret, der man durch eine Lichtung bis zur Tièche folgt. Man verlässt sie kurz vor ihrer Fassung, um die Tièche auf einer Brücke zu überschreiten. Dieser Fluss, im Unterlauf Raspille genannt, wird von zahlreichen kleinen Bächlein gespiesen und stürzt vom Plateau von Le Sex als prächtiger Fall hinunter. Beim Aufstieg gelangt man unterhalb *Le Sex* bei einem grossen Felsen mit kleinen gespaltenen Kalkschichten vorbei, der anfangs Sommer mit einer verblüffenden Flora erfreut. Wir steigen etwas nach rechts empor und halten bei der kleinen Hütte von Le Sex an. Das Tälchen bildet einen Kessel, der im Westen vom Mont-Bovin, im Osten vom Trubelstock und im Norden vom einsamen Tal von Les Outannes abgeschlossen wird, hinter dem sich die Gletscher der Plaine-Morte und des Wildstrubels verbergen. Von allen Seiten fliessen Bäche herunter, vereinigen sich mit dem jungen Fluss, der von Fall zu Fall hüpft und munter über die Alp sprudelt. Wenn man an einem schönen Morgen von Montana in diesen blumenreichen Zirkus hinaufsteigt, kehrt man sicher nach einem geruhsam verbrachten Tag am Abend hochbefriedigt zurück. Wissen wohl die Gäste von Montana, wie sehr diese Naturlandschaft sie beglücken könnte? Wir streifen nun auf angenehmem Pfad durch die Lärchen nach *Châteaunié* und erreichen 200 m weiter oben *Planitschat* auf der Varneralp, den höchsten Punkt der Wanderung. Dahinter die grossartige Kette des Mont-Bovin, an ihrem Fuss inmitten ausgedehnter Weinberge die Ortschaften Siders und Salgesch, und gegenüber schimmert der ewige Schnee der Walliser Alpen in der südlichen Sonne.

Von Planitschat führt der Pfad ebenhin bis nach *Plammis*. Rastplatz mit wunderbarer Aussicht. Bei klarem Wetter sieht man im Tale unten die Rhone von Brig bis Martigny wie ein Silberband glänzen, im Süden von den riesigen Gipfeln bis zum Mont-Blanc-Massiv im Südwesten überragt. Nach

links schweift der Blick über das Tal der Dala (Leukerbad) bis zu den schroffen Felswänden der Gemmi und des Balmhorns.
Von Plammis senkt sich der Pfad über den steilen Hang hinunter zur Hütte von *Chäller* und weiter zur Hütte von *Pfarschong*. Von dort wendet man sich nach links, um etwa 500 m weiter die imposante Felswand der Chällerflüe zu erreichen. Bis 1967 durften es nur erfahrene Kletterer wagen, dieses Hindernis zwischen dem Rhonetal und dem Gemmipass zu übersteigen. Von der Vereinigung der Walliser Wanderwege wurde ein schöner, 1,5 m breiter und 260 m langer Fussweg, mit einem Handlauf versehen, in die Felswand der Chällerflüe eingeschnitten. Er ist jedermann zugänglich und gefahrlos. Prächtiger Blick auf Leukerbad und seine Umgebung. Durch den Wald von Larschi gelangt man auf die Alp Larschi. Der Weg quert den Bennong-Graben, streift den Weiler *Kluscheten* und steigt alsdann nach *Birchen* hinab, wo man sich verpflegen kann.
500 Meter nach dem Maiensäss und 200 Meter vor der Einmündung des Weges in die Talstrasse zweigt der Römerweg links ab. Wir folgen ihm bis nach Stafeling und erreichen von dort in leichtem Anstieg *Leukerbad*.

Nebenroute

Auf der Alp Larschi (1583 m) schlägt man den schmalen Pfad ein, der zum Weiler Bodmen hinunterführt. Von hier steigt man nach rechts ab, um die Strasse Richtung Inden zu erreichen. 1 Std. 15 Min. Postauto-Dienst.

38 Lens–Icogne–La Lienne–Tseuzier

Wanderungen der Bisse und der Lienne entlang aufwärts nach Tseuzier. Marschzeit 3 Std. 30 Min.
Vom Kirchplatz in *Lens* folgen wir 150 m der Strasse Richtung Icogne bis zum Kreuz linker Hand. Von hier erreichen wir in 10 Min. die Bisse von Lens und steigen ihr entlang nach *Icogne* empor. Kurz vor dem malerischen Dorf wird die Bisse unterirdisch geführt und tritt unmittelbar im Nordwesten der Ortschaft wieder zutage. Nun dringen wir in das wilde, wunderschöne *Tal der Lienne* ein, immer begleitet von der Bisse, und wandern bis zu ihrer Fassung am Fuss einer engen Schlucht. Auf steilem Pfad erreichen wir die Staumauer von *Tseuzier* und gelangen über den *Pas-de-l'Ours* oder der Bisse von Ro entlang nach *Crans-Montana*.

39 Lens–Bisse von Lens–Chermignon–Lens

Der Bisse von Lens entlang nach Chermignon und zurück.
Marschzeit 3 Std. 30 Min.
Nach der Besichtigung des schönen Dorfes *Lens* benützen wir vom Kirchplatz aus 150 m die Strasse Richtung Icogne bis zum Kreuz. Hier verlassen wir die geteerte Strasse und folgen dem Weg zur *Bisse von Lens* hinunter und wandern dieser entlang vorsichtig um den Hügel von *Christ-Roi* herum. Die Bisse fliesst hoch über dem Tal der Lienne, am Steilhang befestigt, und stösst dann plötzlich an den Südhang hinaus, wo der Blick auf das Rhonetal von Martigny bis Brig frei wird. Eine unvergleichlich schöne Aussicht! Immer der Bisse entlang ziehen wir Richtung Oberwallis weiter. Die Landschaft wird freundlicher, das Wandern bequemer. Um nach *Chermignon-d'en Haut* zu gelangen, zweigen wir von der Bisse nach links ab und queren die Strasse. Von Chermignon-d'en Haut kehren wir auf einem guten Feldweg oberhalb der Strasse wieder nach *Lens* zurück.

40 Miège–Bisse von Varen–Rumeling

Route	Höhe in m	Hinweg	Rückweg
Miège	702	–	3 Std.
Bisse von Varen	991	45 Min.	2 Std. 15 Min.
Rumeling	954	3 Std.	–

Man erreicht *Miège* mit dem Postauto von Siders aus. Auf dem Dorfplatz schlägt man den markierten Pfad nordwärts nach *Proprija* zur Fassung der Bisse ein. Der Wasserfuhre folgend, gelangt man in einen hübschen Fichtenwald. Prächtiger Blick auf den Pfinwald. Man wandert am Hang oberhalb des Dorfes Varen bis zum Ende der Bisse. Der Pfad führt weiter zum Weiler *Rumeling,* von wo man mit dem Autobus nach Leuk hinunter und mit der Bahn nach Siders fahren kann.

Spazierwege Montana–Crans–Vermala

1. **Montana–Plans-Mayens** (45 Min.)

   Leichter Aufstieg zu einer schönen Aussichtswarte.
   Montana/Zentrum–Etang Grenon–Lac de Chermignon–Plans-Mayens (1645 m)

   Abstiege

   a) nach Cioule–Crans 30 Min.
   b) nach Pas-de-l'Ours und Crans 45 Min.

2. **Montana–Pas-de-l'Ours–Pont-du-Diable** (1 Std.)

   Angenehmer Spaziergang mit interessantem Ausblick in das Tal der Liène.
   Montana/Zentrum–Etang Grenon–Crans–Pas-de-l'Ours–Pont-du-Diable

3. **Montana–Chioule–Icogne** (1 Std.)

   Müheloser Abstieg über Pra Recoula nach dem interessanten Dörfchen Icogne (1026 m).
   Montana/Zentrum–Chioule–Pra Recoula–Assa–Icogne
   Rückfahrt mit dem Postauto.

4. **Montana–Crans–Lens** (1 Std.)

   Reizvoller Abstieg nach Lens, dem Hauptort der ‹Louable Contrée› (Gemeinden Lens, Icogne, Chermignon, Montana).
   Montana/Zentrum–Etang Grenon–Chioule–Golf–Pt. 1411–Etang de Lens–Triona–Lens (1128 m)
   Rückfahrt mit dem Postauto.

   Nebenroute
   a) Hotel St-Georges–Montagnette–Etang de la Moubra–Crèhèta–Triona–Lens (1 Std. 30 Min.)

   Abzweigungen
   b) Lens–Le Châtelard–Monument du Christ-Roi (1272 m) (30 Min.)
   c) Etang de Lens–Chermignon-d'en Haut (30 Min.)

5. **Crans oder Montana–Chermignon-d'en Haut–
   Chermignon-d'en Bas** (1 Std. 15 Min.)

   Schöne Dörfer auf den Terrassen unterhalb Montana.
   Von Crans aus: Etang Long–Etang Blanc–Les Pahiers–Les Briesses–
   Pt. 1312–Chermignon-d'en Haut (45 Min.)
   Von Montana aus: Etang Grenon–Etang de la Moubra–Les Briesses–
   Pt. 1312–Chermignon-d'en Haut (45 Min.)
   Chermignon-d'en Haut–Pt. 1034–Chermignon-d'en Bas (910 m)
   (30 Min.)
   Rückfahrt mit Postauto.

6. **Montana–Montana/Village–Chermignon-d'en Bas** (1 Std. 15 Min.)

   In typische Walliser Dörfer
   Montana–Etang Grenon–Etang de la Moubra–La Grand-Zour–
   Montana/Village–Le Châtelard–Pt. 1094–Chermignon-d'en Bas
   (910 m)
   Rückfahrt mit Postauto.

7. **Montana–Bluche–Randogne** (1 Std.)

   Zu einem auf einer Terrasse am Rhonehang gelegenen Dorf.
   Montana/Zentrum–Bluche–Randogne (1220 m)
   Rückfahrt mit dem Postauto.

   Nebenroute
   a) Montana/Zentrum–Clairmont–La Comba–Randogne (1 Std.)

   Abzweigung
   b) Bluche–Les Palettes–Montana/Village (30 Min.)

8. **Montana–Ploumachit–L'Aminona–Montana** (3 Std. 45 Min.)

   Sehr schöne, aussichtsreiche Rundwanderung.
   Montana–Vermala–Zaumiau–Les Marolires–Ploumachit–
   L'Aminona–Les Echères–Randogne–Montana

   Abzweigungen
   a) Ploumachit–Courtavey–Barzettes–Montana (1 Std.)
   b) Ploumachit–Doujy–Mollens oder Randogne (1 Std.)
   c) Ploumachit–Doujy–Pt. 1309–Pt. 1374–Mollens (1 Std. 30 Min.)

9. **Montana–Vermala–Le Grand Signal** (1 Std.)

Zum höher gelegenen Vermala und zum Grand Signal, dem Ausgangspunkt verschiedener Spaziergänge.
Montana/Zentrum–Vermala–Zaumiau–Grand Signal (1706 m)

Nebenroute
a) Zaumiau–Clavan–Montana (45 Min.)

Abstiege
b) Grand Signal–Le Zotset–Montana/Zentrum (30 Min.)
c) Grand Signal–Etang Grenon (40 Min.)

10. **Le Grand Signal–Chetseron–Corbire–Le Grand Signal** (2 Std.)

Sehr schöne, aussichtsreiche Rundwanderung.
Le Grand Signal–L'Arnouva–Pt. 1796–Chetseron–Merbé (1933 m)–Corbire (1872 m)–Le Grand Signal (1706 m)

Abzweigungen
a) Grand Signal–Plans-Mayens (30 Min.)
b) Pt. 1796–Corbire (30 Min.)
c) Chetseron–Pt. 1707–Plans-Mayens (1 Std.)
d) Corbire–Zaumiau (45 Min.)

11. **Rundgang durch die Dörfer** (3–4 Std.)

Montana–Crans–Lens–Chermignon-d'en Bas–Montana/Villages–Bluche–Randogne–La Comba–Montana
Rückweg von jedem Dorf nach Montana möglich. Siehe die betreffenden Routen.

12. **Plans-Mayens–Grand Signal–Ploumachit** (2–3 Std.)

Herrlicher Spaziergang in einer durchschnittlichen Höhe von 1700 m.
Plans-Mayens–Grand Signal–Vermala–Zaumiau–Marolires–Ploumachit (1747 m)
Abstiegsmöglichkeiten nach Crans, Montana, Vermala, La Comba, Mollens und Randogne (siehe die betreffenden Routen).

Rundwanderungen für Automobilisten

1. Branson–Tassonnières–La Forcla oder Pt. 882–
   Branson 2 Std. 30 Min.
2. Mazembroz–Buitonne–Chiboz-d'en-Haut–Randonne–
   Beudon–Mazembroz 3 Std. 30 Min.
3. Pont-de-la-Morge–Châtro–La Mura–Lac-du-Mont-
   d'Orge–Bisse de Mont-d'Orge–Pont-de-la-Morge 2 Std. 30 Min.
4. Sitten–Bisse von Clavau–Signèse–Sitten oder
   St-Léonard und mit der Bahn nach Sitten 3 Std.
5. St-Léonard–ehemaliges Elektrizitätswerk der Lienne–
   Lens–Chelin–St-Léonard 3 Std. 30 Min.
6. St-Léonard–Les Planisses–Bisse Léonin–Chelin–
   St-Léonard 2 Std. 30 Min.

Nach der Messe in Savièse. Besondere Tracht dieser Gemeinde. Im Vordergrund zwei Mädchen in der gleichen Tracht wie die Erwachsenen (Route 19)

Kartenverzeichnis

1. Landeskarte der Schweiz 1:25 000

Blatt		Routen
1266	Lenk	28
1267	Gemmi	37
1285	Les Diablerets	9, 11, 12, 13, 14, 15, 16, 17
1286	St-Léonard	14, 15, 16, 18, 19, 20, 21, 22, 24, 26, 27, 28, 29, 32, 33, 34, 38, 39
1287	Sierre	30, 31, 32, 33, 34, 35, 36, 37, 39, 40
1304	Val d'Illiez	1
1305	Dt-de-Morcles	1, 2, 3, 4, 5, 6, 7, 8, 9, 10, 17
1306	Sion	10, 11, 14, 18, 19, 20, 23, 24, 25, 26, 28, 29
1325	Sembrancher	2, 3, 4

Die Beschreibung der Wanderwege und die Ortsnamen sind alle dieser Karte entnommen.

2. Landeskarte der Schweiz 1:50 000

Blatt		Routen
263	Wildstrubel	19, 28, 37
272	St-Maurice	1, 2, 3, 4, 5, 6, 7, 8, 9, 10, 11, 12, 13, 14, 15, 16, 17
273	Montana	10, 11, 14, 15, 16, 18, 19, 20, 21, 22, 23, 24, 25, 26, 27, 28, 29, 30, 31, 32, 33, 34, 35, 36, 37
282	Martigny	2, 3, 4

3. Geologische Karte 1:25 000

Blatt 483 St-Maurice mit Beilagen von Blatt 485, 525, 526 des Siegfried Atlas.

4. Touristenkarten

Anzère 1:25 000, Ovronnaz 1:25 000, Leukerbad 1:50 000, Val d'Anniviers 1:40 000, Crans-Montana 1:25 000.
Zu Fuss quer durchs Wallis, herausgegeben von den Walliser Wanderwegen, Sitten.
Neue Touristenkarte des Wallis 1:200 000.

Austeilen von Brot und Wein an Ostern
in Savièse (Route 19)

Literaturverzeichnis

Binder Gottlieb: Alte Nester. Zürich 1914.
Budry Paul und de Rivaz Paul: Sitten, Wallis. Schweizer Kunststätten. Neuenburg 1959.
de Chastonay Paul: Sierre et son passé. Sierre 1942.
Deléglise Maurice und Métrailler-Borlat Gilberte: Sitten. Genf 1969.
Donnet André: Illustrierter Kunstführer von Sitten. Sitten 1973.
Fehr Rolf: Der Urwald von Derborence. München 1962.
Fellay René: Le district franc du Haut-de-Cry. Bull. Murith. LXIV, 1947.
Frey H.: Die Walliser Felsensteppe. Zürich 1934.
Gams Helmut: Von den Follatères zur Dent-de-Morcles. Bern 1927.
Gard Pierre: Notice historique sur la contrée de Lens. Sierre 1933.
Gerster Walter: Die Mundart von Montana. Aarau 1927.
Holderegger Hermann: Valeria. Diss. phil. I. Zürich 1959.
Mariétan Ignace: Ame et Visage du Valais. Lausanne 1949.
– Les Bisses, la lutte pour l'eau en Valais. Neuchâtel 1948.
– Le Rhône, la lutte contre l'eau en Valais. Neuchâtel 1953.
– Le bisse de Savièse. Bull. Murith. LI, 1934.
– La flore des environs de Sion. Bull. soc. bot. suisse, 47, 1937.
– La vallée supérieure de la Liène. Bull. Murith. LXXIII, 1956.
– Les routes et les chemins du Valais. Bull. Murith. LXIX, 1952.
– Le tremblement de terre du 25 janvier 1946. Bull. Murith. LXII, 1946.
– Les mayens du Valais. Bull. Murith. LXIX, 1952.
– Le Val de Derborence. Bull. Murith. LXXVII, 1960.
– Notes de sciences naturelles sur Savièse et le Sanetsch. Bull. Murith. LXXIX, 1961.
– Sur les greniers et les raccards valaisans. Bull. Murith.
– Note sur la région de Loèche-les-Bains. Bull. Murith. 1967.
Meyer Karl Alfons: Frühere Verbreitung der Holzarten und einstige Waldgrenze im Kanton Wallis. III. Mitteilungen der Schweizerischen Anstalt für das forstliche Versuchswesen, XXVIII. Band. Zürich 1952.
Olsommer Bonjen: Le Dr Théodore Stephani et la fondation de la Station de Montana, dans l'Hôtel-Revue, 1952.
Schaub Hans Peter: Geologie des Rawilgebietes. Diss. phil. Basel 1936.
Spiro Louis; Seylaz Louis; Mariétan Ignace: Derborence. Lausanne 1956.
Stephani Th.: La station climatérique de Montana. Genève 1899.
Tamini J.-E.: Essai de monographie de Sierre. St-Maurice 1930.
Wanner E. et Gruetter M.: Etude sur les répliques du tremblement de terre du Valais de 1946 à 1950. Bull. Murith. LXVII, 1950.
Wolf Ferdinand Otto: Sion et ses environs. Rawil, Sanetsch, Pas-de-Cheville, Val d'Hérens. Zürich 1889.

Werke, die im Buchhandel nicht mehr erhältlich sind, können bei der Schweizerischen Landesbibliothek, Hallwylstrasse 15, Bern, leihweise bezogen werden.

Alphabetisches Register

Die Ziffern geben die Routennummern an,
die Seiten die Artikel

Aboyeu 1
Allesse 2
Aminona 36
Anzeinde 11
Anzère 27, Seite 93
Aprîli 36
Arbaz 20, 21, 22
Ardon 10, 11
Assa 33
Audé 22
Aven 11
Ayent 27, 29

Barzettes 36, 37
Bella-Lui 34, 35
Beudon 3
Bex 9
Birchen 37
Bisse von Arbaz 27
Bisse von Clavau 26
Bisse von Lentine 24
Bisse von Ro 34
Bisse von Sitten 22, 27
Blattihütte 28
Blignou 29
Bodmen 37
Botyre 29
Bouet 1
Bourg 18
Branson 2, 3
Buitonne 4

Chamoson 5, 10
Champex 2, 8
Champlan 20, 28, 29
Chandolin 19
Charrat 4
Châtaignier 3
Châteaunié 37
Chäller 36, 37
Chelin 32
Chevaley 6
Chibo 4
Clavan 35
Col-de-Fenestral 8
Col-de-Pochet 34, 35
Col-du-Demècre 8, 32
Collonges 1
Combe-d'Arbaz 21, 27
Condémines 32
Cordona 30
Corin 32
Corin-de-la-Crête 32

Courtena 11
Crans 29, 32, 33
Crêta-d'Asse 36
Croix-de-la-Cha 16
Cry-d'Er 35

Daillon 18
Derbon 17
Derborence 11–13, 16, 17,
 Seite 55, 57
Dioly 24
Donin 21
Dorénaz 2, 8
Drance 3
Drône 20
Dugny 4, 5

Ecorcha 12
Erde 14
Er-de-Lens 34
Eslés 1
Etang-Long 27
Eula 4
Euloi 8

Flan 27
Flanthey 32
Flottuwald 30
Forêt-du-Tsan 33
Fortuno 28
Frête-de-Saille 9
Fully 3, 4

Glarey 19, 31
Godey 13, 14, 15
Grand-Garde 7
Granois 19
Grillesse 27
Grimisuat 20, 28, 29
Grugnay 5, 10
Gryon 11
Gsteig 19
Gulantschi 30

Hubil 31

Icogne 28, 29, 33
Iffigen 28
Incron 21

Jeur-Brûlée 2

Kluscheten 37

La Brune 22, 27
Lac de Fully 8
Lac Devant 8
Lac Louché 29
La Chaux 12, 16
Lacier 21
La Combe 13, 16
La Forcla 17
La Giète 8, 28
La Giète-Délé 27, 28
La Larze 9
La Lui 13, 16
La Ména 8
La Mura 23
L'Ardève 6
La Routia 10
Larschi 37
La Tsandra 19
La Tsouma 27
L'Au-d'Arbignon 8
Lavey-les-Bains 1
Le Betson 7
Le Mont 1
Lenk 28
Lens 29
L'Erié 8
L'Ertentse 34
Les Echères 36
Le Sex 36, 37
Les Follatères 2
Les Hors 28
Les Plans 9
Les Ravins 28
Leuk 31
Leukerbad 37
Leuk-Stadt 31
Leuk-Susten 36
Leytron 5
Lizerne-de-la-Mare 15
Luc 29
Lui-d'Août 8

Madouc 11
Martigny 2, 3
Mayens-d'Aprîli 36
Mayens-de-Chamoson 5, 6
Mayens-de-Conthey 16, 18
Mayens-de-Flan 27
Mayens-de-Grillesse 22
Mayens-de-la-Dzou 20
Mayens-de-Moncevron 20
Mayens-de-My 18
Mayens-de-Ploumachit 36

Alphabetisches Register

Mayens-d'Isières 11
Mayentset 33
Mazembroz 3
Mérier 14
Mié 16
Miège 30
Mollens 36
Montagne-de-Fully 8
Montagne-de-Quieu 7
Montagnon 5
Montana 32–37
Montana-Crans, Seite 109
Montbas-Dessus 15
Mont-d'Orge 23
Mont-Lachaux 35
Morcles 8
Mortay 7
Muraz 30

Neimia 10

Odonna 7
Ormona 19
Ovronnaz 4–9, Seite 41

Pas-de-Cheville 11
Pas-de-la-Crotta 1
Pas-de-l'Ours 28, 33
Pas-de-Maimbré 27
Penés 11
Petit-Pré 8
Plammis 36, 37
Planchamps 1
Plan-Coppel 9
Plan-des-Combes 4
Plan-des-Rosses 28
Planige 30

Planisses 26
Planitschat 37
Plan-Salentse 9
Plans-Mayens 34
Plex 1
Ploumachit 36
Pont-de-Branson 3
Pont-de-la-Morge 18
Pont-de-Nant 9
Pont-du-Diable 19
Portail-de-Fully 8
Pöschenried 28
Poteu-des-Etales 16
Pra-Combère 27, 28
Premploz 14
Produit 5
Pro-Fleuri 17

Randonne 4
Raspille 30
Rawilalp 28
Rawilpass 27, 28
Rawilsee 28
Rhone 2, 3, 5, 17, 29
Riddes 5

SAC-Hütte Rambert 9, 17
SAC-Hütte Violettes 34, 35
Saille 9
Saillon 3, 4
St-Germain 19
St-Léonard 26, 32
St-Maurice 1
St-Pierre-de-Clages 5, 10
St-Romain 27, 28
Salgesch 31, 36
Sanetsch 16, 19

Sanetschpass 19
Savièse 16
Saxé 3
Saxon 3, 4
Seillon 21
Serin 27
Sex-Riond 14
Siders 29–32, Seite 99
Signèse 26
Sitten 17, 19, 20, 23–26, 28, 29, Seite 72
Six-Long 17
Solalex 11
Sorgno 8
Susten 31

Tsou 7
Tièche 37
Tourbillon 25
Trente-Pas 16
Tsalan 22, 27
Tsanfleuron 16, 19
Tseuzier 27–29

Utignou 27

Valençon 32
Valère 25
Varen 31, 36
Varneralp 36
Vatseret 33
Venthône 30
Vermala 35
Vermenala 21
Vernayaz 2
Vérouet 12
Veyras 30
Viédaux 16

Wanderbücher Grüne Reihe

1. Basel I
2. Basel II
3. Oberengadin
4. Unterengadin
5. Olten und Umgebung
6. Solothurn und Umgebung
7. St. Gallen–Appenzell
8. Vispertäler, Zermatt–Saas Fee–Grächen, D+F
9. Chur–Lenzerheide
10. Zugerland
11. Davos
12. Val d'Anniviers–Val d'Hérens, D+F
13. Monthey–Val d'Illiez–Dents-du-Midi, D+F
14. Baden und Umgebung
15. Lötschberg
16. Jurahöhenwege, D+F
17. Martigny–Bagnes–Entremont, D+F
18. Aarau und Umgebung
19. Brig–Simplon–Aletsch–Goms, D+F
21. Sitten–Siders–Montana, D+F
22. Lugano und Umgebung
23. Locarno und Umgebung
24. Prättigau (Graubünden)
25. Rigigebiet
26. Valsertal–Bad Vals (Graubünden)
27. La Côte et le Pays de la Venoge, F
28. Bergell (Graubünden)
29. Uri (Zentralschweiz)
30. Schanfigg–Arosa
31. Engelberg
32. Puschlav (Graubünden)
33. Tessin/Bedretto, Leventina, Blenio, Bellinzona
34. Glarnerland
35. Misox–Calanca (Graubünden)
36. Nidwalden (Zentralschweiz)
37. Obwalden (Zentralschweiz)
38. Schaffhausen
39. Entlebuch
40. Vierwaldstättersee, Zugersee, Ägerisee
41. Schweiz
42. Mittelbünden/Grischun central
43. Surselva/Bündner Oberland
44. Leukerbad, D+F
45. St. Galler Oberland
46. De Nyon à la Vallée de Joux, F
47. Luzern

Wanderbücher SAW

Gotthardroute
Mittellandroute
Alpenpassroute
Alpenrandroute
Hochrheinroute
Rhein-Rhone-Route
Basel-Sion-Route
Schwarzwald-Veltlin-Route

Wanderbücher Internat. Reihe

1. Mont-Blanc, D+F
2. Bodensee
3. Elsass–Vogesen
4. Lago Maggiore/Langensee
5. Fürstentum Liechtenstein
6. Tour du Léman
7. Schwarzwald-Süd
8. Schwarzwald-Nord

Wanderbücher Gelbe Reihe

1. Wanderwege im Kanton Bern
2. Emmental I (Unteremmental)
3. Passrouten im Berner Oberland
4. Emmental II (Oberemmental)
5. Chasseral
6. Lütschinentäler
7. Forst–Frienisberg
8. Freiberge, D+F
9. Brienzersee
10. Seeland
11. Kandertal
12. Saanenland
13. Niedersimmental–Diemtigtal
14. Oberaargau
15. Bern-Süd
16. Thunersee
17. Obersimmental
18. Bern-Nord
19. Oberhasli
20. Bantiger–Wägesse
21. Moutier und Umgebung, D+F
22. Pruntrut–Delsberg–Laufen, D+F
23. Bern und Umgebung

Rundwanderungen

1. Bern–Mittelland
2. Bern–Oberland
3. Freiburgerland, D+F
4. Aargau
5. Tessin
6. Pays de Neuchâtel, F
7. Pays de Vaud, F
8. Zürcherland

Jurakartenwerk 1:50 000

Exkursionskarten mit Wanderwegen

Blatt 1 Aargau–Lägeren–Bözberg
Blatt 2 Basel–Baselland–Olten
Blatt 3 Solothurn–Delémont–Porrentruy
Blatt 4 Neuchâtel–Chasseral–Bienne
Blatt 5 Yverdon–Ste-Croix–Val de Travers
Blatt 6 Lausanne–La-Côte–St-Cergue–Vallée de Joux

Exkursions- und Wanderkarten

Bern–Mittelland–Schwarzenburgerland–Seeland 1:50 000
Emmental–Napf–Entlebuch 1:50 000
Kandertal–Obersimmental–Saanenland 1:50 000
Oberengadin und Bernina 1:50 000
Unterengadin–Samnaun–Münstertal 1:50 000
Oberhasli 1:50 000
Oberhasli–Lütschinentäler–Kandertal 1:50 000
Lausanne et environs 1:25 000
Oberaargau–Bucheggberg 1:50 000
Thunersee 1:50 000
Vierwaldstättersee–Zentralschweiz 1:100 000
Niedersimmental–Diemtigtal 1:50 000

Kümmerly+Frey